社会契约论

D u

c o n t r a t

s o c i a l

让-雅克·卢梭 著

杨国政 译

上海译文出版社

译者序

在卢梭的所有著述中，“自然”和“社会”的对立构成了其思想体系的基础和出发点，与自然状态和社会状态相对应的，是自然人（野蛮人）和社会人（文明人）的对立。在自然状态下，所有人都是淳朴的、幸福的，是自由、独立和平等的。自然人受单纯的自然冲动的情感和欲望的支配，生活于一种完全孤立的、没有任何社会联系的状态，也没有善或恶的概念。在人类进入社会或文明状态以后，出现了私有财产、不平等和奴役，人受控于攀比、虚荣、贪婪、舆论等内在和外在力量的控制和支配。社会人是堕落的、异化的、不幸的。

尽管社会状态有着种种积习和弊端，但人类再也不可能返回自然状态了。因为所谓自然状态只是一种虚构，是用于批判文明社会弊端的一种参照和武器。在《论人类不平等的起源和基础》的序言中，卢梭指出，他对自然状态的描述不应被看作历史的存在，而只应看作假设，目的与其是要查明事物的真实起源，倒不如说是为弄清事物的性质。而且，即使自然状态是一种历史的存在，人类一旦进入社会状态，也绝无可能返归自然状态了，正如人无法从成年返回童年一样。人类从自然状态过渡到社会状态是一种历史的必然，回头路是走不通的。在《论人类不平等的起源和基础》注释九中，卢梭写道："怎么？难道要摧毁社会，消灭你我的世界，返回到森林中和狮子们生活？只有我的对手们才会得出这样的结论，而我既要避免得出这样的结论，又要把得出该结论的耻辱让与他们。"既然后无退路，那么是否前有出路呢？卢梭对这个问题的回答是肯定的：人类的处境并非已经无可救药了，关键在于找到正确的方向，找出救治社会弊病的良方。如果说在其前期的著述中，卢梭是以自然状态和社会状态的对立来批判文明社会的种种弊端，对人类社会的过去和现在作出了评判，并对文明社会的病根作出了自己的诊断，那么在其后期的著述中，卢梭所要探讨的就是造成这种不幸的根源，并试图为人类开出疗救的药方。二论[1]之后的所有著作，如《科西嘉制宪草案》、《波兰政府论》、《爱弥儿》、《社会契约论》等，都是对未来理想社会的建构，试图为二论中提出的问题给出解决方案。

卢梭是读普鲁塔克的《名人传》等书长大的，古代的伟人和

① 指《论科学与艺术》及《论人类不平等的起源和基础》。

制度令他仰慕和神往,形成了他爱自由爱共和的思想,也塑造了他倔强高傲、不受束缚和奴役的性格。古代民族如果没有伟大的政治制度,普鲁塔克笔下的那些伟人也就不会产生。卢梭在威尼斯的遭遇和观察令他对现存制度深感失望,堕落的民风和不好的政府使他认识到,近代民族的腐化堕落恰恰在于其愚蠢荒谬的政治制度。卢梭很早就意识到政治制度问题的重要性。在《〈纳尔西斯〉序言》(一七五二年)中,卢梭在揭露社会生活的罪恶时,试图挖掘罪恶的根源:"他们看到了罪恶的现象,而我则要分析其中的原因。我尤其要人们看到一种非常令人欣慰和有意义的事情,指出所有这些弊病的根源不在人,而在于人被治理得不好。"[①]在致马勒泽尔伯先生的第二封信中,卢梭描述了他在去万森监狱的途中灵光闪现的情景:"唉,先生,如果我把我在那棵树下所看到的和所感觉到的情形能好好地描述出四分之一的话,我就能多么清楚地向人们展现我们社会制度的种种矛盾,多么有力地揭示我们制度的一切弊端,多么简要地阐明人生来是善良的,他之所以变坏,完全是由社会制度造成的。"[②]如果人被治理得好又怎样呢?是否就能避免种种罪恶呢?这是卢梭苦苦思索并试图找到答案的问题。在《政治经济学》中,卢梭说:"毫无疑问,人民久而久之就会成为政府把他们塑造成的样子:如果它愿意,它可以把人民造就成武士、公民、人;如果它喜欢,也可

① 《卢梭散文选》,李平沤译,百花文艺出版社,一九九五年,第一百四十二至一百四十三页。
② 同上,第二十二页。

以把人民造就成群氓和无赖。”[①]所以，卢梭认为，如果他写一部论述政治制度的著作，为人类指出最好的政府形式，于人类将是一件功德无量的事情。

卢梭产生写一部关于政治学著作的想法可谓由来已久，大约始于一七四三年或一七四四年。他在《忏悔录》中是这样解释的：“我第一次想写这样一部书，已经是十三四年前的事了。那时我在威尼斯，曾有机会看出，这个被人们如此夸耀的政府，竟有那么多毛病。从那时起，通过对伦理学历史的研究，我的眼光又扩大了许多。我发现，一切都从根本上与政治相联系；不管你怎样做，任何一国的人民都只能是他们政府的性质将他们造成的那样；因此，‘什么是可能的好的政府’这个大问题，在我看来，只是这样一个问题：什么样的政府性质能造就出最有道德、最开朗、最聪慧，总之是最好的人民？”[②]尽管这个问题在卢梭的脑海中挥之不去，但直至一七五一年卢梭才开始动笔，进展也并不快。一七五六年春天，卢梭迁往埃皮奈夫人提供给他的在巴黎郊区蒙莫朗西森林的一幢房子，远离了尘嚣的喧嚷，摆脱了上流社会浮华虚荣的幻烟迷雾，置身于渴望已久的大自然中，卢梭才潜心于思考何为合理的社会制度问题。他构思了一部规模宏大的政治学著作——《政治制度论》，并将其列在写作计划的首位。

---

① 转引自法国伽里玛出版社版《社会契约论》序言，罗贝尔·德拉特（Robert Derathé）文，一九六四年，第三十五页。

② 《忏悔录》（第二部），范希衡译，人民文学出版社，一九九六年，第三百六十三至三百六十四页。

按照卢梭最初的设想,《政治制度论》将由两部分构成:一部分阐述政治权利的原则,另一部分论述各民族之间的关系。但卢梭感到力所不及,最终放弃了这一构想。他将已经写成的部分独立成书,定名为《社会契约论》。

卢梭政治思想的核心为"以人为本","以民为天"。社会契约的概念并非卢梭首创。近代自然法学派的理论家,如格劳秀斯、霍布斯、普芬道夫已对此有过诸多论述。但卢梭认为,这些人与其是在探求合理的社会制度,不如说是为现存社会秩序的合理性进行辩解,他们是从既成的事实出发,而不是从事物本该的原则出发。卢梭认为,政治学是一种"人的科学",使人得到实现和发展的科学,而"在人类的各种知识中,最有用而又最不发达的,就是关于人的知识"(《论人类不平等的起源和基础》序)。"那些政论家们只满足于看一下自己的周围,便说:这就是人。他们当然是人,但他们是已被我们异化的文明所败坏的人",[①]而不是本来意义上的人。这些异化了的人"就像格劳科斯的雕像一样,天气、大海和风暴已经大大地损毁了它的容貌,以至于它更像一头凶猛的野兽而不是一尊神;在社会内部,由于不断出现的千百种原因,由于获得的无数知识和谬误,由于身体结构所发生的变化,由于情欲的不断冲击,人的灵魂已经面目全非,可以说已经到了不可辨认的程度。"(《论人类不平等的起源和基础》

① 转引自法国弗拉马里翁出版社版《社会契约论》序言,皮埃尔·比尔热兰(Pierre Burgelin)文,一九六六年,第十七页。

序)“人生来就是自由的,却无处不在枷锁之中。”(《社会契约论》)。如果从这样的“人”的概念出发,为不合理的社会秩序寻找合理性,其结果只能是为人类铸造新的枷锁。而卢梭则要从人的本真出发,寻求使人类挣脱枷锁的途径。如果说二论是轰向现存不合理政治制度的炮弹,那么此后的作品则是建构未来理想制度的砖瓦。卢梭前期那激越澎湃的思绪也渐趋冷静,他思考的是“怎样的政治制度才是合乎正义与切实可行的,怎样才能恢复与保障人类在不平等的社会、不合理的制度下丧失了的平等与自由。”[①]在《社会契约论》中,卢梭阐述了他的立法原则,希望这些原则能够引导近代民族走出堕落状态。所谓“社会契约”,如副标题所示,就是“政治权利的原则”。这些原则主要包括:

一、既然在现存的社会制度中,人类是不自由的、不平等的,那么就须寻求一种新的契约形式来恢复和保障人的自由和平等:“找到一种结合形式,它用全部共同的力量来捍卫和保护每个结合者的人身和财产。在结合体中,每个人虽与众人联合,却只服从他自己,并且和从前一样自由。”这就是社会契约所要解决的根本问题。这种形式便是自由平等的人民按照自愿的原则订立契约,结合为一个政治体。在订立契约时,个人将自己的人

① 伍厚恺:《孤独的散步者:卢梭》,四川人民出版社,一九九七年,第一百一十八页。

身和所有权利全部转让给集体，从而集体以更大的力量来保护个人的权利："我们每个人都把自己的人身和全部力量共同置于公意的最高领导之下；我们接受每个成员进入集体，作为整体不可分割的一部分。"（第一卷第六章）"只有一种法律从本质上说需要全体一致的同意，这就是社会契约，因为社会的结合是世界上最自愿的行为，所有人都是生而自由的和自主的，任何人，不论以何种借口，都不能不经他的同意就奴役他。"（第四卷第二章）

二、在众多个人通过社会契约建立起来的结合体，即国家之中，权力，即主权，属于人民，绝非属于首领、君主或代表。主权不可转让。个人放弃了自由就是放弃了作为人的资格，同理，人民放弃了主权的行使也就不成其为人民或主权体，就沦为某个主人的一群奴隶。由于作为主权体的人民是由众多个人，即公民组成，而每个个人都有自己的个别意志，这些个别意志如一盘散沙，甚至相互矛盾，所以主权的行使就不能以个别意志为指导，而只能以公意，即共同意志为指导："只有公意可以根据建立国家的目的，即共同利益，来引导国家的力量。"（第二卷第一章）法律是公意的具体表达，而"立法权力属于人民，也只能属于人民"。（第三卷第一章）所以，人民、主权、公意、法律是四位一体的，每个位格所属的权力既不可转让，也不可分割。

三、政府所代表的只是从属于主权权力的一种执行的权力，是公共力量的受托者，是主权体的公仆。"政府是为了臣民和主权体的相互沟通而设立在他们之间的、负责实施法律、维护社会和政治自由的一个中间体。”（第三卷第一章）政府所代表的行政权力无论如何不能与人民所代表的主权权力相混淆。如果说主权权力是人的大脑的话，那么行政权力就是执行大脑指令的胳臂。关于政府，卢梭又区分出三种形式，即民主制、贵族制和君主制，并对每种制度的特点做了论述。

《政治制度论》是卢梭思考时间最长、也最为重视的一部著作，虽然它最终并没有写成，但独立成篇的《社会契约论》已经体现了卢梭的基本思想。《社会契约论》付诸印刷后，卢梭有两个担心：一是担心公众对它无动于衷，二是担心行政当局横加干预。遗憾的是，卢梭的两个担心都不幸被言中。《社会契约论》和《爱弥儿》几乎同时出版（前后相差一两个月）。或许是《爱弥儿》引发的震动过大，几乎吸引了公众的全部注意力，这使得人们对《社会契约论》并没有给予过多的关注。在一七八九年以前，《社会契约论》在法国并未受到足够的重视。尽管当时的图书总监马勒泽尔伯先生思想开明，平时对卢梭也多有关心和照顾，但由于本书的思想在当时过于激进，他也不得不于一七六二年五月十二日拒绝了出版商雷伊的请求，禁止该书进入法国（它是在荷兰印刷的）。已经从阿姆斯特丹发往法国的两箱书也在鲁昂被扣。《社会契约论》是以走私的方式才得以进入法国的，并以盗印的方式在法国流传。当局不断搜查和清剿该书，有的书商甚至因私藏私售而被捕。在日内瓦则是另一番遭遇，由于对该书的指控晚于它的发行，所以“我的书到达了日内瓦所有人的手中”，在雷伊将二百五十册《社会契约论》发给日内瓦的书商后，它被迅速销售一空。直至一七六二年，日内瓦小议会的一纸禁令以“目空一切，引人犯罪，目中无神，目的在于摧毁基督教和一切政府”的罪名，判处焚烧《爱弥儿》和《社会契约论》。[①] 日内瓦总检察长让-罗伯尔·特隆谢对《社会契约论》提出两大指控：一是卢梭否认政府是建立在某种契约基础之上的，卢梭“在治人者和治于人者之间没有看到任何相互约定，前者在他看来只是工具，人民总是可以根据自己的意愿对之加以改变或推翻”；二是卢梭提出的防止政府篡取主权的方式是危险的，“除了规定定期集会，集会期间政府被中止，而且不需任何正式的召集形式，人们可以单方面地、以多数票形式决定是否要保留既有的政府形式和在位的行政官，除此之外，他便不知还有其他防止篡权的方式了”。[②] 应该说，特隆谢的指控从反面抓住了《社会契约论》的精神实质。

是法国大革命使得“社会契约”、“主权在民”思想深入人心，使得人们对该书耳熟能详。据路易-塞巴斯蒂安·麦尔西埃在一七九一年所言，“以前，它是卢梭所有著作中被读得最少的一部，

① 转引自法国伽里玛出版社版《社会契约论》序言，罗贝尔·德拉特（Robert Derathé）文，一九六四年，第五十一页。

② 同上，第五十二页。

今天，所有公民都在思考它，默诵它”。[1] 奥古斯特·孔德虽然对卢梭并无好感，但也不得不承认，“《社会契约论》所赢得的信任和尊敬比《圣经》和《古兰经》还要多”。[2] 卢梭成为法国大革命领导人如罗伯斯庇尔、圣茹斯特的精神导师，《社会契约论》也成为大革命的纲领性文件，《人权宣言》直接体现了本书的核心思想。今天，《社会契约论》已成为人类政治思想史上的经典作品，它不仅确立了（共和制）国家的基本原则，而且对于当今的政治制度、民主法制建设仍具有重要的启示意义。雨果曾对《悲惨世界》的价值和未来作出了这样的宣告：“只要这世界上还有愚昧和困苦，那么，和本书同一性质的作品都不会是无用的。”卢梭于一七六一年十一月七日在写给出版商的信中也对自己的作品作出了同样的预言：“我再次向您推荐我最新的一部著作，尽管它的性质决定了它无法像小说一样迅速传播，但我希望它同样不会过时，如果它不被公众所抛弃的话，它会成为对一切时代有益的书。”

卢梭的《社会契约论》是一本相当难读的书，原因之一在于书中的论点不乏悖论和矛盾之处。一方面，卢梭崇尚自由，是“自由”的歌者，“自由”一词是本书以及卢梭所有著作中出现频

---

① 转引自法国伽里玛出版社版《社会契约论》序言，罗贝尔·德拉特（Robert Derathé）文，第五十页。

② 同上。

率最高的词汇之一。他称“社会的结合是世界上最自愿的行为”(第四卷第二章),在社会契约中,每个人“只服从他自己,并且和从前一样自由”(第一卷第六章)。另一方面,他又要求每个人把自己的人身及全部权利都让与共同体,都“置于公意的最高领导之下”(第一卷第六章),尤其是社会契约应暗含这一约定,“不论是谁,如果他拒绝服从公意,那么整个团体将强迫他服从:这别无他意,只是迫使他自由”(第一卷第七章)。这的确有些强词夺理了。强迫之下的自由是否还是自由呢?再如,在“社会的宗教”一章中,卢梭提倡信仰自由,在社会中只要做一个好公民,“每个人都可以有自己的意见,而主权体无需过问,因为主权体没有对来世的权限”。在一七五六年“致伏尔泰的信”中,卢梭把信仰自由表达得更加明确(本书第二〇一页)。但是卢梭转而又说主权体规定了一种社会的信仰告白条款,“主权体虽不能强迫任何人信仰这些条款,但可以将不信仰这些条款的人赶出国家”,尤其令人惊骇的是,“如果一个人公开承认了这些信条,而在行为上却好像不信这些信条,那就将他处死,因为他犯了罪中之罪”。所以,后来代表民主思想的共和制政权和代表专制主义思想的极权制政权都在本书中找到了他们各自需要的理论依据。

卢梭从未接受过正规的教育,但是凭借自己的刻苦自学成为一代思想宗师。他的涉猎范围之广是惊人的。仅就本书来看,我们就知道他或直接引用、或间接影射的古代、近代及同时代的作者有柏拉图、亚里士多德、马基雅维里、博丹、霍布斯、格劳秀斯、普芬道夫、巴贝拉克、洛克、阿让松侯爵、圣皮埃尔神甫、孟德斯鸠等。本译本根据法国伽里玛出版社一九六四年的版本译出，编者在涉及卢梭的某一论点时，往往将对卢梭产生启发和影响的相关作者的论述以注释形式列于文末，这使得本版本具有鲜明的互文性。译者将其中最重要的注释译出，以供有兴趣的读者参考或查阅。书中所涉及人名及地名为译者所注。

由于时间仓促，加之水平和知识面之限，错误纰漏在所难免，希望读者，尤其是广大专业人士指正。

目录

告读者

这篇薄薄的论文是一部长篇著作的节选，我原来在写这部著作时竟没有掂量一下自己的能力，所以此书也早就放弃了[1]。在已经写成的可供节选的篇章中，本篇最长，而且在我看来并非是献给读者的最没有价值的部分。其他部分已经不在了。

第一卷

我要从人类的实际状况和法律可能达到的程度出发，来寻找社会法则中是否可能存在某种合法的和可靠的行政规则[2]：在探讨过程中，我将始终努力把权利所允许的和利益所要求的结合起来，以使公义和功利不至于互不相干。

我的论述开门见山，而不去证明我的论题如何重要。有人会问我：我写书谈政治，那我就是君主或立法者了？我的回答是否定的，也正因为如此，我才写书谈政治。如果我是君主或立法者，那我就不会浪费时间来谈本来该做的事情了。我或者去做，或者什么也不说。

我生为一个自由国度[3]的公民，而且是主权体[4]的一员，虽然我人微言轻，但我对公共事务有投票权，仅此一点，我就足以有义务关心它们。每当我思考政府问题时，我总能在我的思考中找到爱我的祖国的政府的新理由，对此我真是高兴！

第一章　本卷之主题

人生来就是自由的[5]，却无处不在枷锁之中。自以为是他人主人的人，只不过比他人更是奴隶[6]。何以会有这种变化呢？我无从得知。又是什么使得这种变化变得合法的呢？我自认为可以回答这一问题。

如果我只考虑强力以及由此导致的结果，我就会这样说：只要人民的服从是出于被迫，那么它的服从就是对的；一旦它可以挣脱枷锁而且也在挣脱枷锁时，那么它就做得更对。因为同样的权利剥夺了人民的自由，人民又凭借这种权利重新获得了自由，这就说明或者人民重获自由是正当的，或者别人根本无权剥夺它的自由。可是社会法则是一种神圣的权利，是其他一切权利的基础。这种权利并非源于自然，所以它是以协议为基础的。现在的问题就是弄清这是些什么协议。在谈及协议之前，我应当先把刚才提出的东西确定下来。

第二章　论原初的社会

在所有社会中，最古老、也是唯一自然的社会是家庭[7]。孩子只有在需要父亲保护自己的阶段才与父亲密不可分。这种需要一旦停止，自然的联系就消失了。孩子不必再服从父亲，而父亲也不必再看顾孩子，双方都重新进入独立状态[8]。即使他们继续结合，这已经不是自然的结合，而是自愿的结合了，而家庭本身也只是靠协议来维系了[9]。

这种共同的自由是人之本性的结果。人的第一法则在于保全自身，人首先关心的是自己，一旦他达到懂事的年龄，当他自己就可判断何种手段适合保全自身时，他就变成了自己的主人。

因此，家庭堪称政治社会的原始模式。首领为父亲的形象，人民是孩子的形象[10]，人人生而平等和自由，人们只有在为了自身的功利时才会转让他们的自由。家庭和社会的全部区别在于：在家庭中，父亲对子女的爱是通过父亲对子女的呵护来体现的；而在国家中，发号施令的乐趣取代了首领对人民所没有的这种父爱。

格劳秀斯[11]否认一切人类政权都是为了被统治者的利益而建立的。他举奴隶制为例[12]。他最惯常的推理方式就是总是用事实来确立权利①。他本来可以使用一种更合乎逻辑的方法，但这并非有利于暴君们。

---

① “对公共权利的学术研究经常只是一部古代滥用权利的历史，花费过多精力研究这些滥用权利的行为真是得不偿失。”（阿让松侯爵：《论法国与其邻国的利益》）格劳秀斯就是这么做的。——卢梭原注

阿让松侯爵（Marquis d’Argenson, 1694—1757），法国政治家，作家。一七四四年至一七四七年任法国外交大臣。——译注

所以,按照格劳秀斯的说法,到底人类是属于这一百多个人的,还是这一百多个人属于人类,是值得怀疑的。他在全书中似乎更倾向于前种观点,这也是霍布斯的观点[13]。据此说来,人类是被分割而成的一群一群的牛羊,每群牛羊有自己的首领,首领是为了吃掉他们才看护着他们。

由于牧人的素质要高于其羊群,首领作为人群的牧人在素质上也高于他们的人民[14]。据费龙[15]所述,卡里古拉皇帝就是这样认为的,他从这一类比中得出结论:国王是神,或者说人民是牲畜。

卡里古拉的推理与霍布斯和格劳秀斯的推理不谋而合。早在他们之前,亚里士多德也说过人人不是天生地平等的,一些人生来就是治人的,其他人生来就是治于人的[16]。

亚里士多德言之有理,可是他却把结果当作了原因。一切生来为奴的人是为做奴隶而生的,这是千真万确的事实。奴隶在枷锁中失去了一切,直至失去了挣脱枷锁的愿望。他们喜欢这种奴役状态,如同尤利西斯的同伴们喜欢他们的麻木状态①。之所以会有天然的奴隶,那是因为此前存在过违背自然的奴隶。强力造就了最早的奴隶,奴隶的懦弱使他们永远为奴。

我只字未提亚当先王,也只字未提挪亚先皇[17],挪亚是那瓜分世界的三大君主的父,人们认为从他们身上看到了萨图恩的

---

① 参见普鲁塔克的一本小书:《如果动物也使用理性》。——卢梭原注

儿子们的影子[18]。我希望读者会感激我说话适可而止，因为，我是这三大君主之一的直系后裔，或许还是长子的后人，如果考证身份，谁知道我就不会是人类的合法国王呢？反正没人否认亚当曾为世界之君，如同荒岛上的鲁滨逊是其荒岛之主一样，只要岛上只有他一位居民，他便是荒岛之主。这样的帝国的好处就是，君主可以稳坐宝座，不必为叛乱、战争和阴谋而担心。

第三章　论最强者的权利

如果不把他的强力变为权利，把他人的服从变为义务，最强者决不会强大到可以永远为王的地步。最强者的权利由此而来，这种权利表面看来颇具讽刺意味，但实际上已经成为原则了。可是，难道永远没有人为我们解释一下这个词吗？强力是一种物理的力量，我丝毫看不出从强力的结果中能够得出什么教训。向强力屈服是一种被迫的行为，而非自愿的行为，至多是一种谨慎的行为。这种行为怎么会成为一种义务呢？

我们不妨假设存在这所谓的权利。我要说从中只会产生一派不知所云的胡言。因为权利一旦由强力产生，结果也就随着原因而改变了。一旦有一种强力可以超过前一种强力，它也就继承了前者的权利。一旦不服从受不到惩罚，那么这种不服从就合法了，既然最强者总是对的，关键就是怎样才能成为最强者了。然而,当强力不在了,权利亦随之消失,这样的权利又是一种什么权利呢?如果服从都是靠强力来实现,那么就无需通过义务来服从了;如果服从不再通过强力来实现,那么就没有义务服从了。由此可见,权利一词没有给强力增添任何内容,它在这里没有任何意义。

服从权柄吧。如果此话意味着向强力低头,那么,这条告诫虽好,但纯属多余。我敢说永远也不会有人违背它。我承认,一切权柄均来自上帝[19],可是一切疾病也来自上帝啊。这是否意味着不能看医生呢?如果我在森林深处遇到强盗,我会交出钱包不仅是被强力所迫,而且,即使我可以将钱包藏匿起来,我不是也有义务老老实实地把钱包交出来吗?因为他手里的枪也是一种权柄啊。

因此我们要承认强力不产生权利,人们有义务服从的只是合法的权柄。这又回到了我最初的问题上。

第四章　论奴役

既然任何人对于其同类都没有自然的权威,既然强力并不产生任何权利,那么就只有协议能作为人与人之间一切合法权威的基础了。

格劳秀斯说过,既然个人可以转让他的自由去给某个主人当奴隶,为什么全体人民就不能转让它的自由去给某个国王当臣民呢[20]? 这里有着许多模棱两可的字眼需要加以澄清,但我们只说一说转让一词吧。"转让"就是"给"或"卖"。然而,一个人给另一个人当奴隶不是把自己送给别人,而是把自己卖给别人,至少是为了生计[21]。可是人民出卖自身又是为了什么呢? 国王根本无力为其臣民提供生计,反而是他自己的生计完全取自臣民,而且,拉伯雷说,国王可不是随便一点东西就能过活的。臣民把他们的人身交付出去的条件竟是让人把他们的财产也拿走吗? 我看不出他们究竟还剩有什么。

有人或许说,专制者可以确保臣民相安无事[22]。我们姑妄听之,可是如果国王野心膨胀将他们拖入战争,如果他的贪欲永无满足,如果他的大臣欺压百姓,所有这些都比臣民之间的纷争更令他们痛苦,那么他们从这种相安无事中获得什么好处呢? 如果这种相安无事本身也是他们的一种不幸,那么他们从中又获得什么好处呢? 人们在牢房中也活得很安稳,难道能因此说活得很舒服吗? 被关押在山洞里的希腊人在被独眼巨人挨个吞吃之前也活得很安稳啊[23]。

谁要说一个人甘愿无偿地把自己送给别人,那纯属不可思议的无稽之谈。即使有人这样做,那也是在非理智状态下做出的,单凭这一点就可断定这种行为是非法的、无效的。谁要说全体人民会这样做,就等于假设人民是一群疯子: 疯狂之举不构成权利。

即使每个人都可以转让自己，他也不能转让他的孩子，孩子生来就是人，而且是自由的，他们的自由为他们自己所有，除他们之外，谁也无权支配他们的自由[24]。在他们成人之前，父亲可以以他们的名义定出某些条件来保全他们，为了他们的幸福，但是不能不可挽回地、无条件地把他们送给别人，因为这种赠送是与自然的目的相悖的，也超越了做父亲的权利。因此，一个专断的政府要成为合法的政府，必须每一代人民都有权决定接受还是抛弃这个政府；可是这样的话，这个政府就不是专断的政府了。

放弃自己的自由，就是放弃自己作为人的资格，就是放弃做人的权利甚至放弃自己的义务。对于一个放弃一切的人来说，是不可能有任何补偿可言的。这种放弃是不符合人性的，是剥夺自己行使意志的一切自由，也是剥夺自己行为的一切道德性。最后，如果一方面规定一种绝对的权威，另一方面规定一种无限的服从，这是一种没有意义的、自相矛盾的约定。如果我们有权对一个人索取一切，那么我们对于他是没有任何义务的，这种既不对等也无交换的唯一条件所导致的是约定的无效，这不是显而易见的吗？既然我的奴隶所拥有的一切都是我的，既然他的权利就是我的权利，那么他还可拿什么权利与我交换呢？这种我与我本人交换的权利是一个毫无意义的字眼。

格劳秀斯和其他人[25]从战争中得出了所谓奴役权的另一起因。他们认为，胜利者有权处死战败者，战败者可以牺牲自由来换取生命；既然这一约定于胜败双方均有利，所以更为合理[26]。

可是很明显，这种所谓处死战败者的权利无论如何不是源于战争状态。生活于原始的独立状态的人相互之间没有一种足以构成和平状态或战争状态的经常联系，仅此一点就说明人不是天然地为敌的[27]。造成战争的原因是物的关系而非人的关系，而且由于战争状态不能产生于简单的人的关系，而仅仅产生于物的关系，所以私人的或人对人的战争既不可能存在于自然状态，因为那里没有固定的私有财产，也不可能存在于社会状态，因为那里一切都处于法律的权威之下。

个人之间的争斗、决斗、冲突等行为均不能构成某种状态。至于为法国国王路易九世的诏书所容许和被“上帝和平运动”[28]所禁止的私人战争，它们都是封建政府的滥用权力，是一种违背自然权利的原则和一切良好政体的荒谬的制度[29]，如果它称得上一种制度的话。

战争不是一种人对人的关系，而是一种国对国的关系。在战争中，个人之间只是偶然地成为敌人，他们的身份不是人，甚至不是公民[30]，而是士兵；不是祖国的一员，而是它的捍卫者。最后，鉴于不同性质的事物之间不能确定任何真正的关系，所以每个国家的敌人只能是其他国家，而不是某些人。

该原则甚至符合自古确立的准则和所有文明民族的一贯做法。宣战与其说是对掌权者下的通知，不如说是对其臣民下的通知。外来者，不论他是国王、个人还是人民，如果他抢掠、杀害或拘禁臣民而不对君主宣战，他就不是敌人，而是强盗。即使在战火连天之际，一个公正的君主掠取的是敌国所有的公共财产，但他尊重个人的人身和财产，他尊重构成他自己的权利之基础的权利。由于战争的目的是毁灭敌国，只要敌国的守卫者手里还拿着武器，人们就有权杀死他们；一旦他们缴械投降，不再是敌人或敌方的工具，他们又成为普通人，别人就不再有权夺取他们的生命了。有时人们可以灭掉一国而不杀其一人，所以，如果一项权利不是战争的必须目的，那么战争也不能产生这项权利[31]。这些原则不是格劳秀斯的原则，它们不是建立在诗人的权威基础之上[32]，而是从物的性质引发出来，是建立在理性基础之上的。

至于征服权，它唯一的依据就是最强者的法则。如果说战争不赋予胜利者以屠杀战败人民的权利，那么，胜利者既然没有这一权利，他奴役战败人民的权利也就失去了依据。只有当无法将敌人变为奴隶时人们才有权杀死敌人；因此，把敌人变为奴隶的权利根本不是来自于杀死敌人的权利[33]。迫使敌人牺牲自由来赎买别人无权支配的生命是一场极不公平的交易。将生死权建立在奴役权之上，又反过来将奴役权建立在生死权之上，这种恶性循环不是显而易见的吗？

假设存在这种生杀的可怕权利，我还是要说：一个因战争而成的奴隶或一个被征服的人民对于其主人除了被迫服从之外，是没有任何义务的。如果胜利者拿走与奴隶的生命等价的东西，那么他对奴隶就没有任何恩赐可言：他等于杀死了奴隶，不是一无所获，而是有利可图。所以，他对奴隶远远没有获得强力所本应带来的权威，和以前一样，战争状态在他们之间延续着，他们的关系本身就是战争状态的结果，战争权的使用意味着不存在任何和平条约。他们达成了一项协议，即便如此，这项协议也远没有消灭战争状态，而是意味着战争的继续。

因此，不论从哪个角度看问题，奴役权都是无效的，这不仅因为它是不合法的，而且因为它是荒谬的、没有任何意义的。奴役、权利这些字眼是相互矛盾、相互排斥的。不论是一个人对另一个人，还是一个人对全体人民，这种论调都是荒诞不经的：我与你订立一项完全由你承担责任、完全由我享有好处的协议，只要我高兴我就遵守，只要我高兴你就得遵守。

第五章　最初协议之追溯

即使我同意我在此前驳斥的一切观点，专制主义的鼓吹者们也并不能顺水推舟。降服一群人与治理一个社会之间总是有着巨大差别。如果散居各处的人相继受制于一个人，不论他们有多少人，我从中只看到一个主人和一群奴隶，我丝毫看不出他们是人民和他们的首领。如果可以这样说的话，这是一个集合体，而不是一个结合体[34]；他们既没有公共利益，也不存在政治实体。即使此人奴役了半个世界，他仍是一个个人；他的利益与他人的利益相分离，仍是一种私人利益。如果此人发生不测，他的帝国也随之四分五裂、互无关联，就像一棵被火烧过的橡树，分崩离析，化为一堆灰烬[35]。

格劳秀斯说，人民可以委身于一个国王。按照格劳秀斯的说法，人民在委身于一个国王之前首先是人民。这种委身本身就是一种社会的行为，它意味着某种公共的决议。因此，在研究人民通过何种行为选举国王之前，最好还是先研究人民是通过何种行为才成为人民的。因为后一行为必定先于前一行为，是构成社会的真正基础[36]。

确实，如果没有事先的协议，除非选举是全体一致同意，否则何来让少数人服从多数人的选择？如果有一百人拥戴某位主人，而有十个人不拥戴这位主人，那么这一百人为那十个人决定的权利又从何而来呢？多数选票决定制的法则本身就是订立一个协议，它意味着至少有过一次全体的一致[37]。

第六章　论社会契约

我假定人类曾经走到这一步[38]：在自然状态中侵害人类生存的各种障碍所形成的阻力超出了每个个人为了维持该状态所能使用的力量。于是这种原初状态便难以为继了，人类如果不改变生存方式就行将灭之。

然而，由于人类不能再产生新的力量，只能联合和发挥现有的力量，他们为了保存自己别无他法，只能集合现有力量，形成一股可以战胜阻力的合力，用一个动机将它们调动起来，使之协调行动。

这股合力只能产生于几种力量的联合，可是，由于每个人的力量和自由是保存自己的首要手段，个人怎样运用这些手段才不至于损及自己，又不忽视对自身的关照呢？再回到我的主题，这一困难可以用如下话语表述：

"找到一种结合形式，它用全部共同的力量来捍卫和保护每个结合者的人身和财产，在结合体中，每个人虽与众人联合，却只服从他自己，并且和从前一样自由。"[39]这就是社会契约所要解决的根本问题。

这一行为的性质已经完全决定了该契约的条款，哪怕是最微小的修改都将使条款变得空洞和无效。尽管这些条款或许从未被明确表述过，但它们到处都是一样的，到处都得到默认和承认[40]，以至于如果社会契约遭到践踏，每个人则又恢复了其原初的权利，放弃协议的自由，收回其自然的自由[41]，而他当初是为了协议的自由而放弃其自然的自由的。

这些人皆认可的条款全部可以归结为一条，即每个结合者及其所有权利全都让与整个共同体[42]，原因如下：首先，既然每个人把自己全部奉献出来，所以这一条件对所有人都是平等的；既然条件对所有人都是平等的,所以谁也不想使之成为他人的负担[43]。

其次,由于这种转让是毫无保留的,所以这种联合已经达到了最大限度的完美,任何结合者都不会再有什么要求了。因为,如果个人还保留有某些权利,由于在个人和公众之间没有能够做出仲裁的共同的上司,由于在某个问题上人人都是自己的仲裁者,那么他很快就想在所有问题上都成为仲裁者。这样,自然状态就会继续存在,结合体必将变为暴君制或徒有其名。

最后,每个人把自己奉献给所有人,他就等于没有奉献给任何个人[44],而且,不管是哪一个结合者,人们都从他身上获得了自己转让出去的同样的权利,所以人们的所得和所失是对等的,反而获得了保护他的既有东西的更大力量。

如果把那些非本质因素从社会契约中排除,我们就会发现社会契约可以归结为下面的话:我们每个人都把自己的人身和全部力量共同置于公意的最高领导之下;我们接受每个成员进入集体,作为整体不可分割的一部分[45]。

这一结合的行为随即带来的不是一个个独立的订约者,而是产生了一个抽象的集体[46],它有多少成员,大会就有多少票数,该集体从该行为中获得它的统一、它的共同的我、它的生命和它的意志。由所有个人这样联合而成的公共人格从前取名为城邦①,现在叫作共和国或政治体,当政治体被动时,其成员就称之

① 该词的真正意思在现代人中间已经几乎完全失去了。大多数人把城市误作城邦,把市民误作公民。他们不知道城市是由房屋构成的,而城邦是由公民组成的。这一错 (转下页)

为国家；当它主动时，就称之为主权体；当把它与同类进行比较时，它就称为权力。至于结合者，作为集体，他们叫作人民；作为个人，作为主权权威的参与者，他们是公民；作为国家法律的服从者，他们是臣民。可是这些用词经常相互混淆、不加区别地使用，我们只要能够区分它们在使用时所表达的确切含义就够了。

第七章　论主权体

从前面的表述中，我们发现这一结合的行为[47]包含着一种公

（接上页）误曾使迦太基人付出沉重代价。我从未读到过 cives（公民）这一称号被赋予过任何君主的臣民，甚至古代的马其顿人和当今的英国人也不曾享受过这一称号，尽管他们比其他民族更加接近自由。只有法国人随随便便地使用“公民”一词，因为他们对该词没有任何真正的概念，正如我们在他们的字典中看到的那样，如果他们明白该词的含义而又加以滥用，那他们就要谋篡罪加身了：该词在法国人中表示一种德行，而非一种权利。当博丹在论述我们的公民和市民时，他把二者混为一谈从而贻笑大方。达朗贝尔先生没有弄错，他在其“日内瓦”词条中，明确地区分出我们城市中的四类人（如果算上普通的异邦人是五类），其中只有两类人组成共和国。据我所知，此外别无哪个法国作者明白“公民”一词的真正含义。——卢梭原注

博丹（Jean Bodin，1530—1596），法国政治思想家、法学家。著有《六论共和国》。他对公民和市民的论述是：“在日内瓦，市民不能担任城市的市政官，也不能担任二十五人的民事议会的参事，而公民却可以担任：因为公民是土生的公民或市民，而市民是被接纳为公民的人，这种做法在瑞士和德国的所有城市都在实行。”在一五七七年及以前的版本中，“公民”和“市民”两词的顺序被颠倒了，所以卢梭指责博丹把二者混为一谈。——译注

达朗贝尔（Jean le Rond d'Alembert，1717—1783），法国哲学家、作家和数学家。曾参与狄德罗所主持的《百科全书》的编纂，撰写了“前言”和“日内瓦”、“美”及数学方面的条目。达朗贝尔对“日内瓦”的解释是：“在日内瓦有四类人：‘公民’（citoyen）是市民之子，生于该城市，只有他们才能担任行政官职；‘市民’（bourgeois）是市民或公民之子，但出生于异邦，或者虽为异邦人但已获得了行政官授予的市民的权利，他们可以参加全民议会（conseil général），甚至被称作‘二百人’的大议会（grand conseil）；‘居民’（habitant）是获得了行政官给予的在该城市居住许可的异邦人，仅此而已；最后‘土民’（natif）是居民之子，他们比父辈多有几项特权，但不得参加政府。”——译注

共和个人之间的相互承诺,可以这样说,每个个人也是在与自己订约,他受双重关系的制约,即在个人面前,他是主权体的一员;在主权体面前,他是国家的一员。可是我们这里不能应用民法的那条准则,即任何人都无须遵守他与自己所订立的承诺,因为自己向自己承担义务与自己向一个所属的整体承担义务是大有不同的。

还必须注意到,由于每个人都要受两种不同关系的制约,公共的决议尽管可以使所有臣民对主权体承担义务,却不能因为相反的理由使主权体对其自身承担义务。因此,如果主权体对自己套上一种它不能违反的法律,那是有违政治体的本质的。由于主权体只是受唯一的并且是同一种关系的制约,所以它就像一个与自身订约的个人;由此可见,对于人民这一团体来说,既没有也不可能有任何强制性的基本法,甚至社会契约也不是[48]。这并非意味着该团体在不违反这一契约的前提下不能与他人订约,因为它对外就变成了一个单一的存在,一个个体。

可是,由于政治体或主权体的存在来自契约的神圣性,甚至对外它也永远不能做出任何违反这一原始行为的事情,如把自己的一部分转让出去或使自己服从于另一个主权体。破坏了它所赖以存在的行为就等于自取灭亡,本身既已不存在,也就做不成任何事情了。

一旦众人结成了一个团体,别人冒犯其中的一个成员就等于进攻整个团体,而冒犯团体就更使其成员们感到切肤之痛。因此义务和利益使订约双方都要相互帮助,这些人应设法把所有好处都集中于这种双重关系之下，因为这些好处便取决于这种双重关系。

然而，由于主权体只是由组成主权体的个人组成，所以它没有、也不能有与他们的利益相反的利益，因此，主权权力不需要对臣民作出保证，因为该团体不可能故意损害全体成员，我们后面就会看到，它也不能损害任何个人[49]。仅仅因为它是主权体，主权体该是什么样子，就永远是什么样子。

可是臣民对于主权体来说就不是这样了，尽管有着共同的利益，如果主权体无法使其臣民确保忠诚，它就无法保证臣民履行他们的承诺。

其实，作为人来说，每个个人都可以有与他作为公民来说所有的公意相反或不同的私意[50]。他的个人利益所授意他的，可能与共同利益完全背道而驰，他的绝对的、与生俱来的独立的存在可能使他把他对共同事业应尽的义务视为一种没有回报的贡献，不做贡献对他人也没什么损害，而做贡献对自己反而带来负担；由于个人把国家这一观念的人看作一个理性的存在，因为国家本来就不是一个人，他就只想享有公民的权利而不愿尽臣民的义务。这种不公若任其发展将导致政治体的垮台。

所以，为了使社会契约不至于沦为空洞的条条，它应暗含这一承诺，只有该承诺才能赋予其他承诺以力量：不论是谁，如果他拒绝服从公意，那么整个团体将强迫他服从：这别无他意，只是迫使他自由，因为这在将每个公民奉献于祖国时确保他不再依附于任何个人的条件[51]。该条件是政治机器的机关和奥妙之所在,只有它才使社会承诺合法化;如果没有这一条件,社会承诺将是荒谬的、暴戾的,容易导致最大的滥用。

第八章　论社会状态

从自然状态到社会状态的过渡在人身上产生了非常显著的变化,在人的行为中,公义取代了本能[52],他们的行为具有了从前所不具有的道德性[53]。只是在这时,义务的声音替代了生理的冲动,权利替代了欲念,此前只关注自身的人发现自己不得不按照其他原则行事,在听从自己的习性之前先要扣问自己的理性。尽管人在这种状态中丧失了得自于自然的诸多好处,但他也获得了一些巨大的好处,他的禀赋得到了锻炼和发展,思想开阔了,感情高贵了,整个灵魂上升到如此高度,以至于如果对这种新的状态的滥用不经常使他堕落到比他脱胎出来时的状态还糟的地步的话,他应该对这一幸福时刻庆幸不已,因为正是这一时刻将他从自然状态中永远地摆脱出来,把他从一个愚昧而又狭隘的动物[54]变为一个智性的生物,一个人。

让我们把这种得失权衡简化为一些易于比较的项目。人在社会契约中所失去的,是他的自然的自由和对于一切他可望也可及的东西的无限权利;他所获得的,是人为的自由和对他所占有的一切东西的私有权[55]。为了不至于搞错两种状态的损益，必须明确区分自然的自由和人为的自由、占有权和私有权：自然的自由仅以个人的力量为界限，人为的自由则受公意的限制；占有权只是强力的产物或最先占有者的权利，而私有权只能建立在一种明确的名分基础之上。

对于前面所述，我们还可以把精神的自由作为人为状态的成果，只有它使人真正成为自己的主人，因为单有欲念的冲动是不自由的表现，服从于自己为自己所制定的法律才是自由。不过对于这一条我已经说得够多了，自由一词的哲学含义在本书中不是我的论题。

第九章　论财产权

在共同体形成之时，它的每个成员都将他当时所拥有的东西，他的人身和全部力量，包括他的财产，奉献给共同体。这并不是说通过这一行为，占有权在易手时改变了性质，成为主权体手中的财产了。可是由于城邦的力量之大是个人的力量所无法比拟的，所以在实际中公共财产也更为强大、更为不可回收，但并非更为合法，至少对于异邦人来说是如此。因为在国家中，社会契约构成一切权利之基础[56]，对于本国成员来说，国家通过社会契约成为他们的所有财产的主人；但是对于其他政权来说，一国欲成为他国成员的财产的主人，则只能通过从个人那里得来的最先占有者的权利。

最先占有者的权利虽然比最强者的权利更为真实，但它只能在私有权确立之后才能成为一种真正的权利。人人生来就有获得一切必需品的权利，而明确的行为在使人成为某一财产的所有者的同时，也把他排除在所有其他财产的所有者之外。他既已得到自己的一份，便应到此为止，无权再向共同体索要任何东西。因此，在自然状态中，如此薄弱的最先占有者的权利却深受一切社会人的尊重。在这种权利中，人们所尊重的倒不是属于别人的东西，而是不属于自己的东西。

一般情况下，要授予对于某块土地的最先占有者的权利，必须具备下列条件：首先，该土地还无人居住；第二，人们只占取维持生存所需要的数量；第三，人们占有该土地不是通过某种没有意义的仪式，而是通过劳动和耕耘，这是在缺乏法律名分时被别人尊重的唯一私有财产的标志[57]。

事实上，按照需要和劳动给予最初占有者的权利，难道不就是最大限度地扩大这种权利吗[58]？难道不能对这种权利加以限制吗？是否只要踏上某块公共的土地，就可立即自称是这块土地的主人？是否只要有力量将别人一时挡在土地之外，就可剥夺他们再次踏上该土地的权利？一个人或一个民族如果不是通过巧取豪夺，又怎么能够占领一块辽阔的土地，从而剥夺整个人类对它的权利呢？这种巧取豪夺的行为是该受惩罚的，因为它剥夺了自然普施给其他人的居住权和食粮。努涅兹·巴尔沃亚[59]一上岸,就以卡斯蒂利亚国王的名义占领了南太平洋和整个南美洲,难道这就足以剥夺所有居民的土地并将世界上所有的君主排除在外吗?从此,这些仪式便大张旗鼓地一再重演,那位天主教国王[60]足不出户就一下子占有了整个世界,除非以后他将从前归其他君主所有的土地从其帝国中再割让出去。

我们可以想象一块块毗邻的个人的土地是如何变为公共土地的,主权权利在从臣民扩展到他们所占土地的过程中,又是怎样变为既是对物的权利又是对人的权利的,它将原来的占有者置于一种更大的依附地位,甚至将他们的力量也变为他们的忠诚的保证[61]。然而,古代的君主们似乎并未很好地体会到这一好处,这些叫做波斯人国王、斯基泰人[62]国王、马其顿人国王的君主们好像更把自己视为人的首领而非国家的主人。今天的君主们则更聪明,他们自称为法国国王、西班牙国王、英国国王等。这样他们通过拥有土地,实实在在地拥有了土地上的居民。

这种转让中奇特的一点就是,共同体在接受个人财产时绝不是在剥夺个人的财产,它只是确保个人合法地占有财产,把占有变为一种真正的权利,把使用权变为所有权。由于占有者们被视为公共财产的受托者,他们的权利受到国家全体成员的尊重并得到国家的全力维护,以防异邦人染指,通过一种既有利于公众,但更有利于他们自身的转让行为,可以这样说,他们又获得了他们所奉献出的一切。正如下面将会看到的[63],如果把主权体和所有者对同一土地的权利加以区别,这一矛盾很容易得到解释。

也可能出现这种情况,还在一无所有之时,人类就已开始联合了,然后在占据了一块足以养活所有人的土地之后,他们或共同享用或进行分配,或者平均分配,或者按照主权体确定的比例来分配。不论以何种方式取得土地,每个个人对于他自己的土地的权利永远从属于共同体对于所有人的权利,否则既不会有牢固的社会联系,又不会有行使主权的真正力量[64]。

最后,我将指出一点来结束本章和本卷,这一点应作为整个社会制度的基础:基本契约不会摧毁自然的平等,相反,它以一种道德的、合法的平等,来代替自然所造成的人与人之间身体上的不平等,人们在力量和天赋上可以是不平等的,但是通过协议,他们在权利上是平等的①。

第一卷完

① 在那些不好的政府治下,这种平等只是表面的和虚幻的,它只是使穷人安于贫困,使富人耽于豪夺。事实上,法律总是于有产者有用,于无产者有害,由此,只有人人都有所有而谁也不多有时,社会状态于人类才是有利的。——卢梭原注

第二卷

第一章　论主权是不可转让的[65]

前面所确立的原则所产生的最直接也是最重要的后果，就是只有公意可以根据建立国家的目的，即共同利益，来引导国家的力量。这是因为，如果说个人利益的对立使得建立社会成为必要，那么个人利益的统一也使得建立社会成为可能。正是这些不同利益之间的共同之处形成了社会的联系，如果缺乏一种所有利益可以取得一致的共同点，任何社会都不可能存在。因此，社会的治理只应建立在这一共同利益基础之上。

我的观点是，主权只是普遍意志的行使，它永远不能被转让；主权体只是一个集体存在[66]，它只能由其自身来代表[67]；权力可以转让，意志却不能[68]。

事实上,私意与公意在某个方面形成一致的情况不是没有可能,但至少这种一致不可能持久和稳定,因为在本质上,私意有所偏倚,而公意则趋于平等。即使这种一致应该永远存在下去,但是要永远保证一致就愈加不可能了。即便有所保证,它也不是人为的结果,而是偶然的结果。主权体完全可以说:“我现在的想法就是这个人的想法或至少是他所说的想法。”可是他不能说:“这个人明天的想法还是我明天的想法。”因为意志给自己的未来套上枷锁是荒谬的[69],而且还因为,如果主权体打算做与某人的利益相反的事情,那也不取决于任何别的意志。因此,如果人民只是承诺服从,那么它就会因这一承诺而解体,它就丧失了作为人民的资格[70];从有了一个主人的那一刻起,主权体便不复存在,政治体也就此垮台。

这并不是说,在主权体可以反对首领的命令而没有这么做的情况下,首领的命令不能被视为公意。在这种情况下,我们应当把普遍的沉默推定为人民的同意。这一点以后还会详加解释。

第二章　论主权是不可分割的

主权是不可转让的,出于同样的原因,主权也是不可分割的[71]。因为主权体的意志要么是全民的①,要么不是;它要么是

---

① 一种意志若成为全民意志,它并非总是要得到全体一致的同意,但所有的票数都要得到统计。在形式上排除了哪一票都将破坏这种全民性。——卢梭原注

人民这一团体的意志，要么是一部分人的意志。在前一种情况下，这种宣告的意志是一种主权行为，并且构成法律；在后一种情况下，它只是一种私意或行政机关的行为，至多是一道法令[72]。

然而，我们的政论家们[73]由于无法从原则上分割主权，他们便从对象上分割它。他们把主权划分为力量和意志，划分为立法权力和行政权力，划分为税收权、司法权和战争权，划分为内政权和外交权。他们时而将所有这些部分混为一谈，时而又加以区分。他们把主权体搞成一个东拼西凑的怪物，就好像他们用这个人的眼睛、那个人的胳膊、另一个人的脚等好几个人的肢体拼凑出来的一个人，且仅此而已。据说，日本的江湖术士可以在众目睽睽之下肢解孩子，然后把孩子的所有器官一个一个地抛向空中，这些器官在落地时又是一个活生生的、完整的孩子。这与我们政论家们的魔术杯把戏几乎如出一辙。他们用一种堪与集市魔术相媲美的手段将社会体肢解后，又不知通过什么手段将各部分重新组合起来。

造成这一错误的原因在于对主权权威没有形成正确的概念，把本来只是主权的附庸[74]当成了这种权威的组成部分。例如，人们因此把宣战和媾和视为主权行为，其实不然；因为两种行为中哪一种都不是法律，而只是法律的应用，是一种决定应用法律的具体行为。当与法律一词有关的概念被确定后，我们将清楚地明白这一点[75]。

如果同样去追究其他的分类，我们就会发现，每当我们自认为看到了主权被分割时，那其实是一种误解，被我们当作主权组成部分的那些权利其实都是附属于主权的，并且总是暗含着存在最高意志，这些权利只是最高意志的实施而已。

由于缺乏准确性，当那些论述政治权利的作者想根据他们所确立的原则来判断国王和人民各自的权利时，他们的结论有说不出来的含混。在格劳秀斯著作第一卷的第三章和第四章中，人人都会看出，由于担心对其观点说得太多或表达得不够清楚，并且由于担心触犯他们要加以调和的利益，这位博学之士和他的译者巴贝拉克是如何纠缠于自己的诡辩之中，不能自圆其说。格劳秀斯因对祖国不满而避难于法国，他把自己的书献给路易十三。为了讨好路易十三，他在书中费尽心机将人民的所有权利剥夺尽净，并想方设法再把它们转送给国王[76]。这也正是巴贝拉克的心愿，他将其译作献给了英王乔治一世。可不幸的是，詹姆斯二世的被逐（他称之为“让位”）迫使他谨慎从事，避重就轻，含糊其词，以免把威廉写成一个篡位者。如果两位作家采用了真正的原则，那么所有的困难都将迎刃而解，他们就总是可以做到前后一致了。可是那样的话，他们就要难过地说真话了，所讨好的只是人民了。然而真理是不会使人飞黄腾达的，人民也不会送给大使头衔、教席或俸禄。

第三章　公意可否犯错

从前面的论述可以推断：公意永远是正确的[77]，永远以公共利益为宗旨，可是这并非说明人民的决议也永远是正确的。人总是希求自己的利益，可是并非总能看清这种利益。永远不会有人来腐蚀人民，但经常有人欺骗人民，只是在这时，人民才好像希求不好的东西。

众意和公意之间经常存在巨大差别[78]：后者只关注共同利益[79]，前者关注的是私人利益，它只是私意的总和。可是，如果从这些私意中去掉那些相互抵消的最积极和最消极的意志①，那么公意就是剩余的不同私意的总和。

当有足够知情权的人民在进行讨论时，如果公民之间没有任何串通，那么尽管存在大量的微小差别，但公意总是可以从中产生，这样的讨论也总是有益的。可是如果出现了阴谋，出现了有损大局利益的派别时，那么每个派别的意志对于其成员来说就变成了公意，对于国家来说就变成了私意。这样，我们就可以说：不再是有多少人就有多少投票者，而是有多少派别就有多少

① 阿让松侯爵说："每个利益都有不同的原则。两个个别利益的一致来自于与第三个利益的对立。"他本可以再补充一点，就是所有人的利益的一致来自于它们与每个人利益的对立。如果没有不同的利益，人们就几乎感觉不到共同的利益，因为它永远不会遇到任何障碍，一切都将自行其是，政治也就不再是一门艺术了。——卢梭原注

投票者了。差别减少了，而结果的公意性则减弱了。最后，当其中的某个派别大到可以压倒所有其他派别时，其结果不再是诸多小差别的总和，而是唯一一个差别了。这时就不再有公意，那种压倒性的意见只是一种个别意见罢了。

因此，要使公意得到很好的体现，国家之内没有小集团是很重要的[80]，每个公民只发表自己的意见①。这就是伟大的利库尔戈斯[81]的独一无二而又高尚的制度。如果存在小集团，就要像梭伦、努马、塞尔维乌斯[82]那样，增加它们的数量，以防止它们间的不均衡。要使公意总是得到彰显，人民不犯错误，这些预防措施堪称唯一有效的手段。

第四章 论主权权力的界限

如果说国家或城邦只是一个观念的人，其生命在于其成员的联合，如果说国家最关心的是保全自身，那么它就需要一种全体的和强制的力量来调动和支配每个部分，使它们最好地服务于整体。如同自然赋予每个人对其肢体的绝对权力一样，社会契约也赋予政治体支配每个成员的绝对权力。我已经说过，正是

① 马基雅维里说："实际上，有些派别对共和国是有害的，有些是有利的。有害的是那些导致乱党和亲党的分歧，有利的是那些不会导致乱党和亲党的分歧。虽然共和国的创立者不能避免纷争的出现，至少在他的治理下共和国不至于形成乱党。"（《佛罗伦萨史》第七卷）——卢梭原注

这种权力在公意的指挥下才享有主权之名。

然而，除了公共人格，我们还要研究组成公共人格的私人，他们的生命和自由自然地独立于公共人格[83]。这就需要将公民和主权体各自的权利加以明确区分①，将作为臣民的公民所要履行的义务以及他们作为人所应享有的自然权利区分清楚。

我们承认[84]，每个人通过社会契约所转让的权力、财产和自由只是他的全部权力、财产和自由的一部分，这部分的用途于共同体来说至关重要，可是我们也必须承认，只有主权体才能判定这种重要性。

一旦主权体提出要求，公民就应向国家提供他所能提供的所有服务。可是主权体却不能给臣民课以任何于共同体无用的束缚[85]，他甚至不能有这种想法，因为按照理性的法则，做任何事情都不能没有原因，在自然法则之下亦是如此。

使我们联系于社会体的承诺之所以是强制性的，只是因为它们是相互的。它们具有这样的性质，即在履行这些承诺时，每人在为别人工作的同时也是在为自己工作。如果不是因为所有的人把每人一词视同自己，如果不是因为每个人在为所有的人投票时想着的是自己，为什么公意总是正确的？为什么所有的人总是希求他们之中每个人都幸福？这就证明权利的平等以及由

① 专心的读者，我请你们在此先不要急于指责我自相矛盾。由于语言的贫乏，我在用词上未能避免自相矛盾。可是请耐心等待。——卢梭原注

它所产生的公义概念源自每个人对自己的优先考虑，因此是源自人性，这也证明公意要做到名至实归，就应当在其目的上和本质上都具有全民性，它应当从所有的人出发以适用于所有的人，当它倾向于某种特定的个人目的时，就失去了它的自然的公正性，因为这样一来，我们评判的是与我们无关的东西，我们就不再有任何真正的公平原则作为指导了。

事实上，当涉及某一个别的事情或权利时，如果某一点没有为先前的全体协议所解决，那么这件事就是有争议的。在这场诉讼中，当事的个人为一方，公众为另一方，可是我从中既看不到必须遵从的法律，也看不到应作出裁决的法官。这时，让公意做出明确的决断就显得可笑了，因为这样的决断只能是某一方的结论，因而对于另一方来说只是一种外来的、个别的意志，在这种情况下，它只能造成不公正且容易犯错误。正如一种私意不能代表公意一样，公意如果有了某种个别目的，其性质就发生了改变，它就不能以公意之名对人与事作出裁决了[86]。例如，当雅典人民任命或罢黜其首领、对某人授予荣誉或对某人课以刑罚、借助许多个别的法令不加区分地做着政府的所有事情时，这时的人民就不再具有真正意义上的公意，它就不再是作为主权体，而是作为行政官来行事了。这好像与通常的观点相左，可是也请留给我时间来陈述我的观点。

由此可以想象，使意志成为公意的不是票数，而是将投票联合起来的共同利益。因为在这种制度下，每个人都要服从他强加给别人的条件，这是利益和公义的完美统一，它使那些共同讨论具有一种公平性。而在讨论任何个别事情时，因为没有一种将法官的规则和当事方的规则结合并统一起来的共同利益，这种公平性便不复存在。

不论从哪个角度来追溯至原则，我们总是会得到同样的结论，即社会契约在公民之间建立起一种平等，公民受同样条件的约束，并且享受同样的权利。因此，从契约的性质来看，一切主权行为，即一切真正的公意行为都平等地约束或惠及所有公民，以至于主权体只认国家这一团体，而不区分组成国家的任何个人。那么确切地说，什么是主权行为呢？它不是一种上下级之间的协议，而是团体与其每个成员之间的协议。它是一种合法的协议，因为它的基础是社会契约；它是一种公平的协议，因为它对所有人都一视同仁；它是一种有用的协议，因为它只以全民的福祉为己任；它是一种牢固的协议，因为它以公共力量和至高权力为保证。只要臣民只服从这样的协议，他们就不是在服从任何人，而只服从他们自己的意志。探究主权体和公民各自的权利可达到什么程度，就等于探究公民对其自身（每个人对所有的人以及所有的人对每个人）的约束可达到什么程度。

由此可见，尽管主权权力是一种十分绝对、十分神圣、不可侵犯的权力，但它并不超越、也不能超越全民协议的界限[87]，任何人都可以充分地支配这些协议规定给他的财产和自由，以至于主权体永远无权对某个臣民比另一臣民多施加负担,因为那样的话,就变成个别事件了,就超越了主权体的权限了。

这些区分一旦得到认可,在社会契约中个人会有真正所失的说法就不能成立了;社会契约使得个人境况确确实实好于从前,人们没有出让什么,只是做了一桩于己有利的交换,用一种不确定、不稳定的境况换来了一种更好、更可靠的境况,用自然的独立换来了自由,用损害他人的能力换来了自身的安宁,用他们的有可能被别人战胜的力量换来了社会联合所带来的不可战胜的权利。甚至他们奉献给国家的生命也时刻得到了保护,当他们为了保卫国家而令生命受到威胁时,他们如果不是在把他们从国家那里得到的东西又还给国家,又是在做什么呢?当他们投身于不可避免的战斗之中、冒着生命危险去保卫他们的生命的屏障时,他们如果不是在做着他们在自然状态里更经常、冒着更大的危险所做的事情,又是在做什么呢?不错,当祖国需要时,人人当为之战斗,但是谁也用不着为了自身而战斗了。一旦我们失去了安全,为了保全自己我们需冒种种危险;而在社会契约中,我们只需冒其中部分危险。两相比较,我们不是还有所得吗?

第五章　论生与死的权利

有人问,个人既然无权支配自己的生命,他又何以能够把这种他所没有的权利交给主权体呢[88]？该问题之所以难以回答，只是因为它的提法不好。任何人都有权冒生命之险来保全生命。一个人为了逃避火灾而跳窗，是否会有人说他犯了自杀罪呢？一个人在登船时不知危险而命丧风暴之中，是否会有人指责他也犯有这种罪呢？

社会契约以保护订约者为宗旨[89]。想达目的的人也想拥有手段，而手段是与某些风险甚至某些损失分不开的。如果谁想靠牺牲别人来保全自己的生命，他在必要时也要为别人献出自己的生命。所以，公民是无权选择法律让他去冒的危险的。所以当君主[90]对他说“国家需要你去赴死”时，他就应该赴死，既然只有在此条件下他才一直生活于安全之中，而且他的生命已不再仅仅是自然的一种恩赐，而是国家的有条件的馈赠了。

对罪犯所处的死刑也几乎可以从同样的角度来看待。正是为了使自己不成为杀人犯的受害者，所以一个人如果成了杀人犯，也要同意受死。在该契约中，人们所想的只是保障自己的生命，远不是真正要处置自己的生命。难以设想有哪个订约者会预先就想到自己将被绞死。

况且，一切破坏社会权利的作恶者因为他所犯下的罪行就变成了祖国的逆子和叛徒，他既然违反祖国的法律，就不再是祖国的一员，甚至是与祖国开战了。所以保全国家和保全作恶者就无法兼顾了，其中的一个必须死亡。作恶者不是作为公民、而是作为敌人被处死的。诉讼程序和判决是他破坏社会契约的证据和告示，因此他就不再是国家的一员了。如果他自认为是国家的一员，至少从其居住权来看是如此，他就应当作为契约的破坏者、以流放的方式与国家隔离，或者作为公敌被处死。因为这样的敌人不是一个观念的人，而是一个物理的人，只是在这时，战争的权利才是杀死战败者[91]。

可是，有人要说，惩处罪犯是一种个别的行为。我同意，所以这种惩处才不该由主权体来管，他自己不能行使这种权利，却可以把它授予别人。我所有的观点都是前后一致的，但我却无法将它们同时阐述清楚。

另外，频用酷刑历来是政府软弱和懒惰的标志。没有什么恶人，我们不能使之成为某一方面的有用之人。我们只能处死那些保留下来就留有遗患的人，除此之外，我们无权杀人，哪怕是杀一儆百。

至于赦免权，或者说为一个罪犯免除法律所规定、法官所宣布的刑罚的权利，它只属于法官和法律之上的那个人所有，也就是说属于主权体。在这一点上，他的权利仍不是很明确，他使用这种权利的情况非常少。在一个治理得好的国家，少有刑罚，并非因为常有大赦，而是因为少有罪犯。当国势衰微时，犯罪的增多就会出现法不责众的局面。在罗马共和国时期，元老院和执政官都不曾尝试实行赦免，甚至人民都不这样做，尽管人民有时也会撤消自己的判决。频繁的赦免预示着重罪很快将不需要赦免了，每个人都可以看出其后果如何。但是我感到我的心颇有微词，使我不得不搁笔。还是把这些问题留给那些从未有过过失、自己也从不需要赦免的公正人士去讨论吧。

第六章　论法律

社会契约赋予了政治体以存在和生命，现在的问题是通过立法使其行动起来并具有意志[92]。因为该团体赖以形成和联合的原初行为并没有规定该团体怎么做才能保全自己。

善而有道的事物之所以如此，是事物的性质使然，而与人类的协议无关。一切公义均来自上帝，只有上帝才是公义的本源。可是，如果我们都能够从如此的高度来理解公义，那我们就不再需要政府和法律了。毫无疑问，有一种普遍公义是只以理性为唯一发端的，可是要获得我们的认可，这种公义应当是相互的。如果从人的角度来考察事物，在缺少自然的惩罚的情况下，公义的法律在人间就是空洞的；当正直的人对别人都遵守法律却无人对他遵守时，所谓公义的法律只能令恶者快而善者痛[93]。这就需要用协议和法律将权利与义务结合起来，使公义回归其宗旨。在自然状态中，一切都是公共的，对于那些我没有作出任何许诺的人，我对他们也没有任何义务；只有那些于我无用的东西，我才承认是别人的。在社会状态中则不然，因为一切权利都是法律所规定的。

可是究竟什么是法律呢？只要人们仅满足于用一些玄学概念

来解释这个词[94]，那么这种论述仍然是让人不知所云。即使我们能够说清楚什么是自然的法则，我们并不能更好地说清什么是国家的法律。

我已经说过[95]，公意不是针对个别对象的。事实上，这种个别对象或在国家之内，或在国家之外。如果该对象在国家之外，那么这种外于国家的意志相对国家来说就谈不上是公意；如果它在国家之内，那它就是国家的一部分：于是在整体与这一部分之间就形成了一种关系，它使整体和这一部分成为两个独立的存在，其中一方是这一部分，另一方是这一部分除外的整体。可是减掉一部分之后的整体已经不成其为整体了。只要这种关系存在下去，就不再有整体，只有两个不均等的部分。由此导致某一部分的意志相对于另一部分来说也不是公意。

可是当全体人民对全体人民作出规定时，他们便只考虑自己了。如果这时形成某种关系的话，那它就是某个角度之下的整个对象与另个角度之下的整个对象之间的关系，而整体则没有任何分裂。这时人们所作出规定的问题是全民的，正如作出规定的意志一样[96]。我称之为法律的正是这种行为。

当我说到法律的对象总是涉及全民时，我的意思是法律是把臣民作为团体、把行为视同抽象来看待的，它从不考虑个别的人和个别的行为[97]。因此，法律完全可以规定有特权，但它却不能将特权指名地给予任何人；法律可以把公民划分为数个等级，甚至规定各个等级所需具备的资格，但它却不能指名地将这人或那人列入这个或那个等级;法律可以建立一个王国政府和一种世袭制度,但它却不能推举国王或指定王室。一句话,任何与个别对象有关的职能都不属于立法权力。

根据这一思想,我们立刻就可以看出:不必再问该由谁来制定法律[98],因为法律是公意的行为;不必再问君主是否高于法律,因为他也是国家的一员[99];不必再问法律是否可以不公正,因为谁都不会对自己不公正;也不必再问人怎样才能既保持自由又服从法律,因为法律只不过是我们的意志的记录。

我们还可以看出,由于法律既体现了意志的普遍性也体现了对象的普遍性,所以,不论是谁,一个人擅自下的命令不是法律,甚至主权体就某一个别对象所下的命令也不是法律,而只是法令,不是主权行为,而只是行政机关的行为。

因此,我把一切依法治理的国家,不论采用何种行政形式,都称为共和国。因为只有在这时才是公共利益在治国,公共事物才被当作一回事。一切合法的政府都是共和制政府①[100],以后我将就政府概念做出解释。

确切说来,法律只是社会结合的条件,服从法律的人民应是法律的制定者,社会的条件只能由那些结合成社会的人来规定。可是他们将怎样规定这些条件呢?是否突然灵光一闪就

---

① “共和制”一词,我并不仅仅理解为一种贵族制或一种民主制,而是一般说来的一切由公意即法律为指导的政府。政府若要是合法的,它就不能与主权体相混淆,而只能是主权体的执行者。这样,即使君主制也还是共和制。下一卷将对此加以阐明。——卢梭原注

能达成共同的一致呢？政治体是否有一个表达这些意志的机构呢？谁赋予政治体必要的先见之明，来事先将意志形诸行为并公之于众呢？或者在必要时，他将怎样宣布这些行为呢？盲目的民众经常都不知道自己希求什么，因为他们很少知道什么对于他们才是好的，他们又怎么能够凭一己之力完成立法体系这样一项如此伟大而艰巨的事业呢？人民永远希冀自己的利益，可是人民靠自己并非总能将这种利益看得清楚。公意永远是正确的，可是指导公意的判断并非总是明察的。必须让它看清其对象本来的样子，有时必须让它看清对象表面的样子，向它指明它所寻找的正确道路，保证它不受私意的诱惑，把时间与地点摆在它的眼前，教导它居眼前切实之安思遥远潜藏之危。个人看得见利益所在却抛弃它，公众追求利益却看不清楚，二者都需要加以引导。对于个人来说，就必须使他们的意志合乎他们的理性；对于公众来说，必须教他们认识他们所希冀的东西。于是，由于公共的智慧，认识力与意志在社会团体中得到结合，并由此形成各部分之间的完美协作，最后形成整体的最大力量。立法者的必要性就显示出来了。

第七章　论立法者[101]

要找到对所有国家都适用的最佳社会规则，那需要一种超人的智力，它目睹过人类的所有情感却不曾体会过任何一种[102]，它与我们的本性没有任何关系却对之了如指掌，它的幸福与我们无涉却为我们的幸福牵肠挂肚，最后，它追求的是时间长河中的遥远的光荣，它可以在这个世纪操劳，而在另一个世纪享受光荣①。这样的话，只有神明才能为人类制定法律[103]。

卡里古拉从事实的角度做过论述[104]，柏拉图则从权利的角度做过论述，来说明他在其关于统治术的书中[105]所探求的政治家或君主。可是，一个伟大的君主是一位旷世之人，如果此言不虚的话，那么一个伟大的立法者又该是怎样之人呢？立法者所订的规矩，君主只需遵守就够了。立法者是发明机器的机械师，君主只是安装机器、操作机器的工人。孟德斯鸠说，在社会诞生之初，是共和国的首领们在建立制度，然后制度又反过来塑造共和国的首领[106]。

可以这样说，敢于为人民订立制度的人应当自信能够改变人性；他能够把从自身来说均为一个个完全的、单独的整体的个人转变为一个更大的整体的组成部分，从某种意义上说，个人从这个更大的整体中获得自身的生命和存在；它能够改变人的素质，使之更强；他能够用一种部分的、精神的存在来代替我们所有人从自然那里获得的物理的、独立的存在[107]。总之，他必须除却

① 只有当立法开始走下坡路时，人民才会出名。我们不知道利库尔戈斯的制度已经让斯巴达人享受了多少世纪的幸福，希腊其他地方才关注到斯巴达人。——卢梭原注

人的固有的力量，而赋之以外在的、离开了他人的帮助他就无法使用的力量。这些自然的力量被消灭得越干净，它所获得的力量就越大越持久，因此制度就越牢固越完美。如果每个公民离开他人便什么也不是，什么也不能，如果整体获得的力量等于或大于所有个人的自然力量的总和，那么我们就可以说立法已经达到了所能达到的最完美程度了。

从各个方面看，立法者都是国家的人杰。他不仅理应具有天赋，而且他的大任也要求他应该如此。这大任既非行政官职亦非主权。这一建立共和国的大任却不属于共和国的建制。它是一种与人的统治权毫无共同之处的特殊的、高级的职能。因为，如果说治人者不该立法的话，那么立法者也不该治人。否则，立法者的法律受他的情感左右，就经常只能使其不公正固定下来，他就永远无法避免个人的意见破坏其神圣的事业[108]。

当利库尔戈斯为其祖国制定法律时，他首先让出了王位。让异邦人为本邦制定法律，这是大多数希腊城邦的习惯。近代的意大利各共和国经常仿效这种做法，日内瓦共和国也是这么做的，而且效果良好①。在罗马的鼎盛时期，因为立法权威和主权

① 那些只把加尔文视为神学家的人没有认识到加尔文的全才。他为拟定我们贤明的法令作出了巨大贡献，这一贡献为他赢得的荣誉不亚于他的《制度》。不论时间给我们的宗教信仰带来怎样的革命，只要对祖国和自由的热爱在我们心中永不泯灭，我们就将永远感激这位伟人。——卢梭原注

加尔文（Jean Calvin，1509—1564），法国宗教改革者，他的《基督教的制度》成为加尔文主义的纲领。一五三六年，他在日内瓦建立起一个严厉的神权政府，他担任政府首领直至去世。——译注

权力集中在同一些人手中，暴君制的种种罪恶在内部复活，险些造成亡国的结局。

不过，仅凭一己的权威便通过任何法律的权利，十人执政官从未攫取过。他们对人民说："我们向你们所提议的，如果你们不同意，就不能成为法律。罗马人，只有你们才能制定为你们谋幸福的法律。"

因此，拟订法律的人没有、也不应有任何立法权，甚至人民也不能随便放弃这一不可转让的权利，因为根据基本契约，只有公意才能约束个人，某个私意只有被提交人民自由投票表决之后，人们才能确定它是否符合公意。这一点我已经说起过，但是再重复一遍亦无不妥[109]。

因此，我们就在立法工作中发现有两种看似不相容的东西：它既是一项人力所不及的事业，然而，要完成这一事业，它又是一种无足轻重的权威。

另一个困难也值得关注。如果圣贤们想用自己的语言、而不是通俗的语言对老百姓说话，他们是听不懂的。然而，许多思想是无法用人民的语言来表达的。正如太远的目标人民无法企及一样，太笼统的概念他们也无法理解。由于每个个人所领会的政府的构想只是与他们的个人利益相关的构想，因此，良好的法律在不断地剥夺他们的同时也给他们带来的好处，他们是很难看到的。新生的人民若要体会到健康的政治准则并遵守国家利益的基本规则，就必须把结果视为原因，使本应是制度的产物的社会精神主宰制度本身，使人在法律出现之前就是法律所应把他塑造成的样子。这样，由于立法者既不能使用强力也不能使用说服的手段，求助于另一种不武自威、不说自服的权威就有必要了。

为了使人民既服从自然的法律又服从国家的法律，为了使人民承认造就了人和城邦的是同一个权力，为了使人民自由地遵守法律，并且驯服地戴上公众幸福的羁绊，自古以来的各国先辈们不得不求助于上天的介入，用他们自己的智慧来荣耀神明，其原因即在于此。

这种超乎常人智力的崇高理由使立法者将他们的决定假托神明之口说出，其目的在于用神的权威来引领那些因谨小慎微而不为所动的人们①。可是并非什么人都能借神之口说话，也并非什么人在传达神意时都能被人相信。立法者的伟大灵魂是证明其使命的伟大奇迹[110]。谁都可以刻石碣，买神谕，假装与神明达成了秘密交易，训练小鸟对人耳语神言，或用其他卑劣手段蒙蔽人民。只会玩这种把戏的人甚至偶尔还可能纠集一群乌合之众，但他永远不可能建立一个国家，他的荒唐的把戏将很快和他一起消失。虚假的奇迹只能形成暂时的联系，唯有智慧才能使这种联系牢固持久。犹太法存在至今[111]，统治半个世界达十

① 马基雅维里说："事实上，从没有哪个立法者不求助于某个神就能通过新的法律。必须承认，不用这种手段就无法使法律被人接受。世上有多少有用的原则，虽然贤明的立法者知道其重要性，而这些原则本身却没有明显的证据来打动其他人的头脑啊！"（《李维论》第一卷第十一章）——卢梭原注

个世纪之久的以实玛利[112]子孙的法律今天仍然诉说着法律制定者的丰功伟绩。那种傲慢的哲学[113]和盲目的宗派精神只把这些伟人看作一群幸运的骗子,而真正的政治家在他们的制度中赞叹的是使国家长治久安的那种伟大而卓越的天才。

从以上论述中,我们不能和沃伯顿[114]一样得出结论说,政治和宗教在世界上具有共同的目的,我们的结论是:在国家刚出现时,宗教是政治的工具[115]。

第八章　论人民[116]

建筑师在建造一栋大厦之前要先察看和勘测地面,看它是否可以承受大厦的重量,贤明的立法者也不是一上来就拟订良好的法律本身,而是在此之前先观察法律所针对的人民是否能够承受这些法律[117]。正是因为这一点,柏拉图才拒绝为阿卡迪亚人和昔兰尼人制定法律,因为他知道这两个民族都很富有,不会接受平等[118]。也正是因为这一点,在克里特,法律虽好而人却坏,因为弥诺斯[119]治下的人民满是毛病。

无数不肯接受良好法律的国家曾经在世界上显赫一时,某些国家虽能接受良好的法律,但在其整个统治期间,遵守法律的时间十分短暂。和人一样,人民只有在青年时才是顺从的,随着年岁的增加就无法矫正了。习俗一旦确立,偏见一旦生根,再想改变过来就是危险的和徒劳的了。和那些愚蠢的、见了医生就发抖的病人相似，人民甚至也是讳疾忌医的。

如同某些疾病可以搅乱人的大脑、使人丧失过去的回忆，在国家的历史中，有时也会出现某些动荡时期，其间革命对人民的影响恰似某些重病对个人的影响，对过去的恐惧代替了遗忘，被内战燃烧的国家可以说又从死灰中复活，在逃脱死神之手时又恢复了青春的活力[120]。利库尔戈斯时期的斯巴达，塔尔奎尼亚王朝之后的罗马，这个时代在驱逐了暴君之后的荷兰和瑞士都曾经如此。

可是这些事件是很少发生的，它们属于例外情况，究其原因，全在于国家特殊的建制。对于同一人民来说，这些例外情况甚至不会出现两次，因为只有当人民处于野蛮状态，它才可使自己自由，可是当社会的活力耗尽，人民就不复自由了[121]。动乱可以摧毁人民，而革命并不能使其恢复元气，一旦枷锁被打碎，人民就变为一盘散沙，不复存在了：自此之后，人民所需要的是一个主人而不是一个解放者。自由的人民，请你们记住这句格言："自由可得，但不可失而复得。"

和人一样，国家也有一个成熟时期，必须等到国家成熟才能使其服从法律。可是人民的成熟并不总是容易识别的，如果将成熟期提前，立法的事业就要失败。有的人民生来就是可以调教的，而有的人民即使在十个世纪之后还是做不到。俄罗斯人永远不会成为真正的文明人，因为他们开化得太早了。彼得[122]很有模仿的天才，但他没有真正的天才，那种凭空创造一切的天才[123]。他做的有些事情是好的，但大部分是不适宜的。他认识到他的人民是野蛮的，但他没有认识到他的人民还没有成熟到文明的程度。当他的人民还需要磨练时，他却想教化他们。他先是想把他们变为德国人、英国人，而他本应首先使他们成为俄国人[124]。他的臣民们本来就不是德国人或英国人，而他却非要说服他们就是那种人，这就使他的臣民永远不能成为他们本来能够成为的那种人。一位法国教师也是这样培养他的学生的，这个学生童年时会显赫一时，但终将一事无成。俄罗斯帝国妄想征服欧洲，但自己终将被征服。它的臣国或邻居鞑靼人将成为它的主人和我们的主人：这场革命在我看来不可避免。欧洲的所有国王正在同心协力地加速革命的到来。

第九章 （续）

自然对于一个正常人的身高给出了极限，超过该极限，自然造就的只能是巨人或侏儒；同理，一个国家要拥有最好的建制，也有一个幅员的限度，使国家不至于大得治理不好，也不至于小得无法维持[125]。对于任何政治体来说，都有一个不能超过的力量最大值，而政治体因为它的扩张往往偏离了这一最大值。社会联系延伸得越远就越是松散，一般说来，小国在比例上要强于大国[126]。

无数理由证明了这个准则。第一，距离越远，行政越难，就像杠杆越长，其末端的重量越大一样。随着行政等级的增加，行政也变得愈发沉重，因为每个城市首先都有自己的行政需要人民负担，然后每个州府也有自己的行政同样需要人民负担，再往后还有各省，更高一级的政府、都督府、王侯府，级别越高，负担越大，而这一切都是由可怜的人民来承担的，最后是压垮一切的最高行政层。众多的超重负担一刻不停地榨取着臣民，这层层等级远远没有把他们治理得更好，反而还不如他们头上只有一个层级的时候。他们几乎无力应付不测之需，当必须想办法来应急时，国家往往已经摇摇欲坠了。

这还没完。不仅政府没有足够的精力和迅捷来让人遵守法律、阻止民怨、匡正流弊、预防在边远地方可能发生的叛乱行为，而且人民对于他们永远不得谋面的首领，对于他们视若身外之物的祖国，对于形同陌路的大多数同胞也缺乏感情。各省的风尚不同，气候迥异，不能接受同一政府形式，所以同样的法律是无法适用于千差万别的省份的[127]。而不同的法律只会在人民中酿成纷争和混乱，因为人民受着同样的首领的管辖，处于不断的交流之中，彼此往来通婚，又顺应了其他习俗，他们就再也不知道如何处置他们祖传的风俗了。在这一彼此陌生、全靠那至高的行政宝座聚拢起来的人群中，才能被湮没、德行被漠视、恶行得不到惩罚。事务缠身的首领们不亲自处理任何东西，治理国家的是一群当差。最后，众多的边远官吏时刻想着逃避或控制总权威，而为了维护这一权威所必须采取的措施占据了首领们的所有心思，首领们就再也无心顾及人民的幸福了，在必要时几乎无心保护人民。就这样，一个体积过于庞大的团体为其自身的重量所压垮、坍塌和灭亡。

另一方面，为了自身的稳固，为了抵御必将经受的动荡，为了经得起它为自保而不得不作出的努力，国家应当为自己打好根基，因为所有的人民都有一种离心的力量，这种离心力就像笛卡儿所说的旋涡一样，使人民摩擦不断，损人利己。因此，弱者可能迅即被吞没，只有所有人都处于某种平衡中、使压力几乎平均地作用于每个地方时，人人才能自保。

由此可见，扩张和收缩都有其理由，在两种理由之间找到一个保全国家的最佳比例绝非等闲政治家所能做到的。可以这样说，一般情况下，扩张的理由只是外在的和相对的，而收缩的理由则是内在的和绝对的，所以前者应当从属于后者。一种健康有力的建制才是首要的追求目标，人们应当更加依靠良好的政府所产生的力量，而不是辽阔的疆土所提供的手段。

此外，我们还见过一些这样的国家，征服的必要已经深入至国家的肌理，为了自存，它们不得不不断进行扩张。也许这些国家对于这种貌似好事的必要性还沾沾自喜呢，殊不知这种必要性已向它们预示了，盛极一时之后，便是无可避免的陨落之时。

第十章 （续）

我们可以用两种方式衡量一个政治体，即通过疆土的幅员和人民的数量[128]，在这两种衡量方式之间存在一个可以造就真正伟大的国家的适当比例。构成国家的是人，养活人的是土地，因此这一比例就是：土地足以养活其居民，而且土地能养活多少人，就有多少居民[129]。一定数量的人民的力量最大值就在于这一比例，因为如果土地过多，守卫起来就力不从心，耕种就会不足，物产就会过剩，这就是防卫性战争的直接原因；如果土地不足，国家为了寻找补充就要受制于邻国，这是攻击性战争的直接原因。任何人民，如果只能在商业和战争之间选择其一的话，那么它本身便是脆弱的，它依赖于邻人，依赖于事件，其存在必然是不确定的、短暂的。它要么去征服，改变境况，要么被人征服，无足轻重。它只有在小得微不足道或大得威震四方的时候才能保持自由状态。

我们无法在幅员和人口之间计算出一个相得益彰的固定比例，这既是由于土地的质量、土地的肥力、出产的性质、气候的影响存在着千差万别，也是由于众所周知的土地上的居民体质也是千差万别的，一些人拥有肥田沃土而消耗甚少，另一些人的土地贫瘠而消耗甚多。此外还需考虑到妇女生育能力的大小，国土多一些或少一些是否有利于人口，立法者制定的法律所望达到的效果，以至于立法者不应将其判断建立在他的眼见基础之上，而应建立在他的预见基础之上，他也不应只看到人口的当前状况，而应预见到人口自然会达到的状况。最后还可能出现无数情况，各个地方的个别事件要求或允许人们拥有的土地多于表面看来必需的数量。因此在山区人们就要散居，因为那里的自然物产，即森林、牧场需要较少的劳作，而且经验证明山区的妇女比平原的妇女有更强的生育能力，那里大片的坡地中间只有一小块平地，人们所能指望种东西的也只是这一小块平地。相反，在海边人们则可以聚居，甚至在几乎寸草不生的岩石和沙地中间，因为渔猎可以弥补很大部分土地的物产，为了抗击海盗，人们更应聚居，还因为那里可以更容易通过殖民来使国土摆脱过多的人口。

除了这些条件之外，为了给人民建章立制，还需再补充一条，该条件虽然不能代替其他任何条件，但如果没有它，其他条件就都失去作用了。这就是人们享有富足与安定，因为一个国家在形成时就像一支正在组建的队伍一样，是肌体抵抗力最弱、最容易被摧毁的时刻。人们在一片绝对混乱中反而比在混乱酝酿时期更有抵抗力，因为在酝酿时期人人只顾及自己的地位而顾不上危险。在这一关键时刻一旦出现战争、饥荒或叛乱，国家就不可避免地被推翻。

这并不是说，在这些动荡时期没有建立过许多政府，事实是，恰是这些政府毁掉了国家。那些篡权者总是浑水摸鱼，利用公众的恐慌来通过人民在冷静状态下绝不会通过的破坏性法律。要分辨立法者的所为和暴君的所为，立法时间的选择是最可靠的特征之一[130]。

那么什么样的人民最适合立法呢？是那种已经因为出身、利益或协议的结合而休戚与共但还没有戴上法律的真正枷锁的人民，是那种没有根深蒂固的习俗和迷信的人民，是那种不惧怕被突然的入侵所击垮、不介入邻国的争端、能够单独抗击任何邻国或联合一国以抗击另一国的人民，是那种每个成员都为众人所知、不强迫一个人承受超出其承受能力的负担的人民，是那种可以不依赖其他人民、而其他人民也不依赖它的人民①，是那种既不穷也不富、能够自给自足的人民，最后，是那种兼有古代人民的顽强与新生人民的温顺的人民。立法事业之难不在于立而在于破，成功的先例之所以如此之少，是因为人们无法做到将自然的单纯与社会的种种需要相结合。当然，所有这些条件是很难凑齐的，所以具有良好建制的国家也就很少见了。

欧洲还是有一个能够立法的地方的，那就是科西嘉岛[131]。这个勇敢的人民为了恢复和保卫它的自由所表现出的英勇和韧

---

① 如果两个相邻的人民，一个离开对方便无法生存，那么这种情形对于前者是十分艰难的，对于后者是十分危险的。此时，一切明智的国家都将努力尽快使后者摆脱这种依附状态。镶嵌于墨西哥帝国之中的斯拉斯加拉共和国宁可不吃盐，也不向墨西哥人购买，甚至不无偿地接受赠予。明智的斯拉斯加拉人看出了隐藏在这种慷慨下面的陷阱。他们保持了自由，被大帝国所包围的这一小国最终竟导致了大帝国的覆亡。——卢梭原注

性的确值得某位圣贤教导它保持下来。我有某种预感，这个小岛将有一天令欧洲为之一惊。

第十一章 论各种立法体系

如果我们探究所有人的最大利益之所在，这也应成为一切立法体系的宗旨，我们就会发现这种利益可以归结为两个主要目标，即自由和平等。之所以是“自由”，是因为一切个别的依附都是对国家这一团体的力量的削弱；之所以是“平等”，是因为如果没有平等自由亦不复存在。

我已经说过何谓社会的自由[132]；至于平等，我们不能将该词理解为权力和财富的程度绝对相等，而应理解为：权力不能发展成为任何暴力，只能根据地位和法律来行使；在财富方面，没有哪个公民富得可以买断他人，也没有哪个公民穷得被迫出卖自己[133]。这意味着大人物要节制财富与势力，小人物要克制吝啬和贪欲①。

他们说，这种平等是一种凭空的思辨，实际上是不可能存在的。可是，如果说滥用现象不可避免，是否就不应加以解决呢？

---

① 你想使国家长治久安吗？那就尽可能缩短两极的差距，既不许出现富翁，也不许出现乞丐。这两个天生难以分离的等级对于公共的幸福是同等有害的。从一个等级中会诞生暴政的支持者，从另一等级中会诞生暴君。公共自由的交易总是在这两者之间进行：一个购买自由，一个出卖自由。——卢梭原注

正是由于事物的力量总是倾向于破坏平等，所以立法的力量才总是以维护平等为目标。

可是，这些是一切良好制度的一般目标，到了每个国家，应根据当地的情况和居民的性格所产生的关系来加以修改，根据这些关系为每个民族制定一个特定的制度体系，这种制度体系也许从其本身来说不是最好的，但对于其针对的国家来说却是最好的。例如，你们的土地贫瘠不产吗？或者，你们的国土对于居民来说过于狭小吗？那么你们就发展工业和工艺吧，用你们的产品换取你们所缺的食品。反之，你们占据的是富饶的平原和肥沃的山冈吗？你们的沃土上缺乏居民吗？那就全心全意地发展增加人口的农业，驱除导致国家人口减少的工艺吧，因为工艺将为数不多的居民聚集于几块弹丸之地上[①]。你们占据的是绵延便利的海岸吗？那就将船只布满海面、发展贸易和航海吧，你们的生存将辉煌而短暂。你们的沿海只是一些几乎无法靠近的礁石吗？那就当野蛮人以鱼为生吧，你们将活得更为平静，或许更好，但肯定更加幸福。总之，除了那些对所有人来说共同的准则外，每个民族还有自身的原因，它以一种特定的方式安排这些准则，使其立法只适合它自己。因此，古代的希伯来人、近代的阿拉伯人都曾以宗教为主要目标，雅典人以文学、迦太基和提

① 阿让松侯爵说："不论任何形式的对外贸易，对于整个国家来说，所传播的只是一种虚假的好处；它可以使几个个人甚至几个城市富裕起来，但是整个国家从中却不会得到任何益处，人民的情况也不会更好。"——卢梭原注

尔[134]以商业、罗得岛[135]以航海、斯巴达以战争、罗马以美德为主要目标。《论法的精神》的作者以无数事例指出了立法者以何种手段把制度朝着每一个目标引导[136]。

只有遵守时宜,使自然关系和法律在同样的问题上总是步调一致,而且法律只是用于保证、辅助和修正自然关系时,一个国家的建制才能真正做到稳固持久。可是,如果立法者搞错了目标,遵循的原则异于产生自事物的性质的原则,以至于一个原则倾向于奴役而另一个倾向于自由,一个倾向于财富而另一个倾向于人口,一个倾向于和平而另一个倾向于征服,我们就会发现,法律就会在不知不觉中削弱下来,制度将被破坏,国家也将永无宁日,直至毁灭或更迭,直至不可战胜的自然重新君临。

第十二章　法律的分类

为了把整体规划得井井有条,或者说为了赋予公共事物以尽可能好的形式,有各种关系需要考虑。首先是整个团体对于自身的作用力,即整体之于整体或主权体之于国家的比例,而这种比例是由那些中项[137]的比例构成的,这一点我们以后将会看到。

规定着这种比例的法律叫做政治法,也叫基本法,如果此类法律贤明的话,这么叫也不无道理。因为,如果每个国家只有一种好的规划方式，那么人民一旦找到这种方式就应当遵循它。可是，如果确立的秩序是不好的，为什么还要把不能使人民拥有良好秩序的法律当作基本法呢？何况，不管怎样，人民总是可以做主改变自己的法律，即使是最好的法律。如果人民乐于损害自己，那么谁还有权不让它这么做呢？

第二种关系是成员之间以及成员与整个团体的关系，这种比例对于前者来说应当尽可能小，对于后者来说应当尽可能大，以至于每个公民完全独立于其他公民而极为依附城邦。这种结果总是通过同样的方式来实现，因为只有国家的力量才能为其成员带来自由。民法正是产生于第二种比例[138]。

我们还可以考虑人与法律之间的第三种关系，即违法与惩罚的关系，这种关系就使得制定刑法必不可少，从本质上来说，刑法不是一个特定的法律种类，而是对其他一切法律的认可。

除了以上三种法律之外，还应加上第四种法律，也是所有法律中最重要的一种。它既不是刻在石头上，也不是刻在青铜上，而是刻在公民的心里，它造就国家的真正建制，并且每天都在获得新的力量；当其他法律过时或失效时，它使其焕发活力或取而代之，使人民保持其创立制度的精神，不知不觉地用习惯的力量代替权威的力量。我说的是风尚、习俗，尤其是舆论，它们的作用还不为我们的政治家们所知，但其他方面的成功全都取决于此；伟大的立法者暗自关注着这个问题，尽管他表面上制定的只是个别的规章，这些个别的规章只是穹隆的支架，而慢慢形成的风尚才是穹隆的撼不动的拱心石。

在所有这些种类中，只有构成政府形式的政治法才是唯一与我的题旨有关的法律。

第二卷完

第三卷

在论述各种政府形式之前，让我们先确定“政府”一词的确切含义，因为该词还不曾得到很好的解释[139]。

第一章 论普通政府

我要提醒读者的是，本章要慢慢地读，对于不愿意用心去读的人，我也没有把问题说清楚的好办法[140]。

一切自由的行为的发生都是由两个原因共同促成的：一个是无形的，即决定这一行为的意志；另一个是有形的，即实施这一行为的力量。当我向着一个目标行进时，我首先必须有走向目标的意愿，然后我的双脚要把我送至目标。假如一个瘫痪的人想跑，一个腿脚灵活的人不想跑，他们都只能待在原地。政治体具有相同的动因,我们同样从中辨别出力量和意志:意志被名之为立法权力,力量被名之为行政权力。如果没有二者的协作,什么都不会发生,也不能发生。

我们已经看到,立法权力属于人民,也只能属于人民。相反,通过前面所确立的原则[141]也很容易看出,行政权力不能像立法权力或主权权力那样属于全体公民,因为这种权力只是一些个别的行为,它们既不属于法律的权限,因此也不属于主权体的权限,因为主权体的所有行为都只能是法律。

因此,公共的力量必须具有一个合适的代理者,他将公共的力量集中起来,在公意的指挥下加以运用,促进国家和主权体的沟通,在公共人格中产生类似于灵魂和肉体的结合在个人身上所产生的结果[142]。这就是国家必须有政府的原因,政府被不恰当地与主权体混为一谈,其实政府只是主权体的执行者而已。

那么什么是政府呢?政府是为了臣民和主权体的相互沟通而设立在他们之间的,负责实施法律、维护社会和政治自由的一个中间体[143]。

这个中间体的成员名为行政官或国王,即治理者,整个中间体名为君主①。因此,如果有人说人民据以服从首领的行为不是一种契约[144],那是非常有道理的,因为它不过是一种委托,一项工作,在这一过程中,首领们只是主权体的官员,他们以主权体

---

① 因此,在威尼斯,人们把政务院称作尊贵的君主,即使当总督不在时也是如此。——卢梭原注

的名义行使主权体交付他们的权力，若把此项权利转让出去，那是与社会体的性质不相容并且与结合体的目标背道而驰的，所以主权体随时可以限制、更改、收回这一权力。

因此，我把行政权力的合法行使称作政府或最高行政，把承担这一行政的个人或团体称作君主或行政官[145]。

中间力量体现在政府中，中间力量的比例构成了整体之于整体或主权体之于国家的比例。我们可以用一个连续等比[146]的两个外项的比例来表示这后一种比例，其中的等比中项就是政府。政府从主权体那里接受命令，然后下达给人民；为了使国家保持一种良好的平衡，必须在各种力量相互抵消之后，政府与其自身的乘积或乘方等于一方面作为主权体另一方面又作为臣民的公民的乘积或乘方[147]。

另外，如果改变三项中的任何一项，这一等比随之遭到破坏。如果主权体想执政，如果行政官想制定法律，或者如果臣民拒绝遵守，混乱将取代秩序，力量和意志就不再协调行动，国家就会解体，陷入专制或无政府状态。最后，由于每个比例之间只有一个等比中项，所以一个国家只可能有一个好政府。可是有无数事件可能改变人民的比例，所以不仅不同的政府可能适合不同的人民，而且不同的政府可能适合不同时候的同一人民。

为了使人对这两个外项之间起决定作用的各种比例有一个概念，我将以人口的数量为例，作为一种较为容易说明的比例。

假设国家由一万名公民组成。主权体只能被看作集体和团体,但是作为臣民的每个个人则被视为个体。因此主权体之于臣民就相当于一万比一的关系,也就是说国家的每个成员尽管把自己整个地献给了国家,但他只拥有万分之一的主权权威。假如人民由十万人组成,臣民的地位不发生变化,每个人同等地担负着法律的全部权威,但是他的选票降为十万分之一,在制定法律时其影响力就小了十倍。于是,臣民仍然是一,而主权体的比例则因公民人数的增加而增大。由此,国家越大,自由越少。

当我说到比例增大时,我的意思是它远离了相等。因此,几何学意义上的比例越大,普通意义上的比例就越小。在前一种情况下,比例是从数量上来考虑的,它是根据指数[148]来衡量的;在后一种情况下,比例是从同一性来考虑的,它是根据相似性来计算的。

因此,私意与公意,即民风与法律的比例越小,弹压的力量就应当越大。所以,一个政府要做到有效运行,也应随着人口数量的增加相应地加强其权力。

另一方面,由于国家的扩大也为那些执掌公共权力的人提供了更多的滥用权力的诱惑和手段,所以,政府越是有力量约束人民,主权体就应当越是有力量约束政府。我这里所说的不是一种绝对的力量,而是国家各组成部分的相对的力量。

从这两个比例中可以推出,主权体、君主和人民三者间的连续比例绝不是一个随意的概念,而是政治体性质的必然结果。由此还可推出,由于其中的一个外项,即作为臣民的人民是固定的，用“一”来代表，每当双倍比率[149]增大或减小时，单一比率也同样地增大或减小，因此中项就要发生变化。由此可以看出，唯一的和绝对的政府建制是不存在的，而是有多少个大小不等的国家，就有多少个性质不同的政府。

如果有人嘲笑这一公式，声称要找到这一比例中项，组成政府，他只要按照我所说的拿人口数量开平方根就够了，我的回答是，我这里只是拿人口数量作为一个例子，我所说的各个比例不仅按照人数来计算，而且一般情况下还要按照作用量来衡量，而作用量又是和诸多原因结合在一起的。此外，我暂时借用几何术语是为了表达上更为简洁，我也深知抽象的数量不可能像几何学那样精确。

政治体中包括政府，政府是大的政治体的缩小版。它是具有某些能力的一个观念人格，像主权体一样主动，像国家一样被动，可以被分解为其他类似的比例，从中产生出一个新的比例，这一新的比例按照职位的等级又可产生另一个比例，直至产生一个不可再分的中项，即一个唯一的首领或最高行政官，我们可以把首领或最高行政官设想为位于这一数列中间，是分数系列和整数系列之间的“一”。

我们在此不要再吃力地搬弄术语了，我们只需把政府视作国家之中的一个新团体就够了，政府有别于人民和主权体，是二者之间的一个中介。

这两个团体间有着本质的区别：国家依靠其自身而存在，而政府则只能依靠主权体存在。因此，君主的主导意志只能是或只应是公意或法律，他的力量只是集中于他身上的公共力量，一旦他想自行采取某个绝对和独立的行动，整体的联系就开始松弛。最后，如果君主产生一种比主权体的意志更加能动的私意，并且动用手中的公共力量来满足这一私意，那么可以说产生了两个主权体，一个是权利上的主权体，另一个是事实上的主权体，那么社会结合将顷刻消失，政治体将随之解体[150]。

不过，为了使政府具有一定的生命，具有一种有别于国家的实实在在的生命，为了使所有政府成员行动一致，符合建立政府的目的，政府就必须具有一个特定的我，一种所有政府成员共有的感情，一种力量，一种以保全自身为目的的特有意志。这种特别的存在意味着须有大会和委员会、磋商和解决问题的权力、某些只属于君主而且随着行政官的责任愈加繁重其地位愈受尊敬的权利、称号和特权。困难在于如何在整体中安排这一次要的整体，以使它在强化自身的建制的同时不至于破坏整体的建制，使其总是能够把以保全自身为目的的个别力量与以保全国家为目的的公共力量区别开来。总之一句话，使它随时准备为了人民而牺牲政府，而不是为了政府而牺牲人民。

况且，尽管政府这一人为的团体是另一个人为的团体的结果，尽管从某种意义上说政府只有一种外借的、附属的生命，它仍可以在行动上具有或多或少的活力或迅捷，从而拥有或多或少健壮的机体。最后，它不会直接背离建立政府的目的，但是根据政府的组建方式,它可能会或多或少地偏离其原有目的。

有种种偶然的和个别的比例会使国家发生改变,政府应和国家这一团体保持各种比例,这些比例正是从所有这些差别中产生的。因为,如果政府的各种比例不根据它所属的政治体的缺陷加以改变的话,即使是本身最好的政府也往往变为最坏的政府。

第二章 论构成不同政府形式的原则

为了阐述产生这些差别的一般原因,在此必须对君主和政府作出区分[151],正如我在前文对国家和主权体作出区分一样。

行政官团体的组成人员可以多寡不一。我们说过,人民的数量愈多,主权体之于臣民的比例就愈大;显然,依此类推,政府之于行政官的比例也是如此。

然而,政府的全部力量永远是国家的力量,这种力量不会发生变化。由此可以得出:政府把这种力量用于自身成员愈多,他所剩下的用于人民的力量就愈少。

因此,行政官愈多,政府愈弱。由于这是一个基本准则,那就让我们把它讲得更清楚些吧。

我们可以在行政官身上区分出三种本质不同的意志。首先是个人的特有意志,它只追求个人的利益;第二是行政官们的共同意志,它只与君主的利益相关,我们可以称之为团体的意志,相对于政府来说,它是一种公意,相对于政府所属的国家来说,它又是一种私意;第三是人民的意志或主权体意志,不论对于被视作整体的国家还是对于被视作该整体的一部分的政府来说,它都是一种公意。

在完美的立法中,个别的或个人的意志应是无足轻重的,政府本身的团体意志是高度从属的,所以只有公意或主权体的意志才是主导性的,是所有其他意志的唯一规则。

相反,根据自然法则,这些不同意志的分布愈是集中,它们就越活跃。因此,公意永远是最弱的,团体意志次之,私意居首。所以,在政府中,每个成员首先是其自身,然后是行政官,最后才是公民。这一渐进顺序与社会秩序的要求截然相反。

假设整个政府掌握在一人手中,私意和团体意志就一下子完全地集于一身,因此团体意志就达到前所未有的强度。然而,由于力量的使用取决于意志的程度,而且政府的绝对力量不变,所以最有能动性的政府是只有一个人的政府。

反之,如果我们把政府与立法权威结合起来,让主权体来做君主,让所有公民都成为行政官,那么团体意志就会与公意混淆不分,它不会比公意更加能动,从而使私意放任自流。所以,尽管政府的绝对力量依旧,但在相对力量或能动性上却降至最小值。

这些比例是无可辩驳的,其他因素更可证实这些比例。例如我们看到，处于行政官团体中的每个行政官比处于公民团体中[152]的每个公民更有能动性，所以政府行为中的私意要比主权体行为中的私意的影响力大得多，因为每个行政官几乎都承担着政府的某项职能，而每个公民单独来看不拥有任何主权的职能。而且，国家愈是扩大，它的实际力量就愈增加，尽管实际力量的增加并不与幅员成正比。可是，如果国家是一定的，行政官的数量尽可以增加，而政府并不因此获得更大的实际力量，因为这种力量是国家的力量，它的大小是一定的。因此，政府的相对力量或能动性就会降低，而它的绝对或实际力量却不会增加。

还有一点毋庸置疑：管事的人愈多，事情处理起来就愈慢；谨慎过头，时机就把握不够，从而坐失良机；议而不决，就经常失去商议的成果。

我刚才证明了行政官愈多政府愈涣散，我在前面也证明了人口愈多弹压的力量就应愈大。由此，行政官之于政府的比例与臣民之于主权体的比例应该是相反的，也就是说，国家愈大，政府就应愈精简[153]，从而首领的数量随着人口的增多而降低。

另外，我这里所说的只是政府的相对力量，而不是它的正确性[154]。因为，行政官愈多，团体意志愈接近公意，相反，如果只有一个行政官，正如我前面所说，这种团体意志就只是一种私意。因此有得必有失，立法者的艺术就在于确定一个度，使永远成反比的政府的力量和意志结合为一种于国家最为有利的比例。

第三章 政府的分类[155]

在前一章我们已经看到,为什么我们按照组成政府的成员的人数来区分不同种类或形式的政府,本章所要探讨的是这种分类是怎样进行的。

首先,主权体可以把政府托付给全体人民或人民中的绝大多数,以使作为行政官的公民多于作为普通个人的公民。我们把这种政府形式称为*民主制*。

或者,主权体把政府集中于少数人之手,从而使普通公民多于行政官,这种政府形式称为*贵族制*。

最后,主权体可以把整个政府都集中于唯一一个行政官之手,所有其他人都从他那里获得权力。这第三种形式最为常见,称为*君主制*或“王权政府”。

我们应当看到,所有这些形式,或者至少前两种形式的行政官数量可以多一些或少一些,甚至可以有相当大的弹性。因为民主制可以包括全体人民,也可以限于半数人民。贵族制可以限于半数人民,也可以限于数量不确定的极少数人。即使王权制也可能被分权。斯巴达的建制中常常有两个王,罗马帝国甚至同时有八个皇帝,但我们却不能说帝国是分裂的。因此,每种政府形式都在某一点上与另一种形式重合,而且,尽管只有这三个名称，而实际上国家有多少公民，政府就可能有多少种不同的形式。

更有甚者：同一政府在某些方面可以再分为其他部分，各部分可以采取不同的行政方式，这三种形式又可结合为众多混合形式，其中每种形式又可以再与这些单一形式相结合。

自古以来，人们就什么是最好的政府形式这一问题争论不休，却没有认识到每种形式在某些情况下可能是最好的，在另外的情况下可能是最坏的。

如果说，不论在任何国家，最高行政官的人数应与公民人数成反比，那么一般说来，民主政府适宜于小国，贵族制适宜于中等国家，君主制适宜于大国。这一规则是直接从原则得出来的，可是，那些可能产生众多例外的情况又该如何计算呢？

第四章　论民主制

制定法律的人比任何人都更清楚该如何执行和解释法律。所以最好的政体似乎就是行政权与立法权集于一体的政体了。可是，恰恰是这一点使得这种政府在某些方面存在不足，因为本该加以区别的东西却没有被区别开来，而且由于君主和主权体同为一体，可以这样说，他们组成的只是一个没有政府的政府。

由制定法律的人来执行法律不是好事，作为团体的人民将注意力从大处转向个别的对象也不是好事。公共事务中最为危险的莫过于私人利益的影响了，立法者的腐败是个人目的作祟的必然结果，相比之下，政府滥用法律之为害倒是更轻[156]。如果国家的机体遭到破坏，那么任何变革都是不可能了。一个从不滥用政府权力的人民也不会滥用独立，而一个总是把国家治理得很好的人民也不需要被治理。

从"民主"一词的严格意义上说，从来就不存在、也永远不会存在真正的民主。多数人统治、少数人被统治的现象是违反自然法则的。我们无法想象人民不断地集中起来忙于公共事务，我们很容易看出，人民如果为此设立一些委托机构，那么行政形式就要随之改变了。

事实上，我认为可以提出这一原则：当政府职能被分配到数个机构时，人数最少的机构迟早会取得最大的权力，哪怕仅仅是为了方便处理事务，也会自然而然地走到这一步的。

何况这样的政府意味着要有多少难以凑齐的条件啊！首先，国家要非常小，人民便于集合，每个公民可以很容易地认识其他公民；第二，民风要非常纯朴，以免事务繁多、讨论棘手；第三，地位和财富要十分平等，否则权利和权威的平等就不会长久；最后，奢侈现象要少有或没有[157]，因为奢侈是财富造成的，或者是对奢侈的追求造成了对财富的追求，奢侈既败坏富人也败坏穷人，它促使前者占有财富，后者觊觎财富，它使国家沉湎于涣散和虚荣之中，使国家失去所有的公民，使一些人受另一些人的奴役，而所有的人都受舆论的奴役。

一位著名作者[158]把德行作为共和国的原则，原因即在于此，因为没有德行，这些条件是无法维持下去的。可是这位天才作者没有进行必要的区分，所以他的论述经常不够准确，有时不够清楚，他没有看到，既然主权权威到处都是一样的，所以同一原则应根据政府的形式，或多或少地在一切具有良好建制的国家里实行。

还要补充的是，没有比民主制或人民制的政府更容易发生内战或内乱了[159]，因为没有任何政府如此强烈、如此经常地倾向于改变形式，也没有任何政府需要如此的警惕和勇气以维持自己的形式。在这种建制中，公民尤其需要拿出力量和毅力，在生活中的每一天都要在内心深处重复一位德高的总督①在波兰议会上所说的话：我宁要动荡的自由，也不要平静的奴役。

如果人民是由神组成的，那么他们可以实行民主的治理。可是，一个如此完美的政府对于人来说是不合适的[160]。

第五章　论贵族制[161]

我们这里涉及两个完全不同的观念的人，即政府和主权体，

① 指波兹南总督，即波兰国王、洛林公爵的父亲。——卢梭原注

因此就有两个公意，一个是相对于全体公民而言的，另一个仅是相对于行政成员而言的。因此，尽管政府可以按照自己的意愿进行内部管理，但是，当它对人民说话时，就永远只能以主权体的名义，即以人民本身的名义了，这一点是永远不能忘记的。

早期社会是以贵族制来治理的。家族首领们协商公共事务，年轻人甘心服从经验的权威，由此产生了长老、长者、元老、老者等称谓。北美洲的野蛮人至今仍然以这种方式来治理，而且治理得很好。

可是随着制度的不平等战胜了自然的不平等，财富或权势①就比年纪更受推崇，贵族制就变成选举制了。最后，权势和财富的父子相传造就了贵族世家，政府也变为世袭政府，所以我们就看到了二十岁的元老。

所以有三种贵族制，即自然的、选举的和世袭的。第一种只适合纯朴的人民，第三种是所有政府中最坏的[162]，第二种是最好的，它才是真正的贵族制。

选举的贵族制除了对两种权力做了区分这一优点之外，它的另一优点就是可以选择政府成员，因为，在民主制政府中，所有公民生来就是行政官，而选举的贵族制政府则把行政官限于少数人，他们只有通过推选才能成为行政官②，通过这种方式，诚

① 显然，optimates 一词在古人那里不是指最好的，而是指最有权势的。——卢梭原注

② 通过法律来规定行政官的选举形式是非常重要的，因为如果将其完全交由君主的意志来决定，就不可避免地陷入世袭贵族制，就像在威尼斯共和国和伯尔尼共和国那样。所以，威尼斯长期以来一直是一个分裂的国家，而伯尔尼共和国是靠着元老院超人的智慧才得以维持的，这是一个很可敬但也很危险的例外。——卢梭原注

实、智慧、经验和其他一切受到众人推崇和尊重的理由就成为政治清明的新的保障。

此外,集会更为方便,事务的讨论更加有效,且处理起来更为有序和认真,德高望重的长老们也比那些不知名的或被人瞧不起的民众更能维护国家在外的威信。

一言以蔽之,由最贤明的人来治理民众,只要确保他们的治理是为了民众的利益而不是为了他们自身的利益,那么这种方式就是最好最自然的法则。不要枉自增加管辖范围,一百个选举出来的人可以做得更好的事,就不要交给两万人去做。但是也必须注意到,这时团体利益按照公意来指导公共力量的程度有所削弱,而且另一种无法避免的趋势也使法律失去了部分执行力量。

从具体的便利角度说,国家不能太小,人民不能太单纯和直率,以至于法律的执行直接取决于公共意志,就像良好的民主制那样。但国家也不能太大,以至于分散在各地的首领在治理国家时可以在各自的地盘上自命为主权体,先是谋求独立,最后达到称王的目的。

然而,尽管贵族制所要求的德行比民主制政府少一些,但是它需要另外一些它所特有的德行,如富人的节制和穷人的知足[163],因为那种严格的平等对于贵族制似乎是不适宜的,即使在斯巴达也没有得到遵守。

另外,虽说这种形式包含着某种财富上的不平等,但这是为了在一般情况下公共事务的处理能被托付给那些可以为之付出全部时间的人，而不是像亚里士多德所说的那样[164]，为了永远优先选择富人。反之，如果做出相反的选择，有时也可以使人民明白：人的才能是比财富更重要的推崇理由，这也是非常重要的啊！

第六章　论君主制

至此，我们一直把君主视作一个由法律的力量结合而成的观念的和集体的人，视作国家的行政权力的受托者[165]。现在我们所要探讨的是，当这种权力集中于一个自然人、一个实实在在的人之手，并且只有他才有权依法行使这种权力时的情况。这个人就是我们所说的君主或国王[166]。

在其他行政方式中，一个集体的存在代表着某个个人，相反，在君主制中，某个个人代表着一个集体的存在，以至于君主这一无形的统一体同时也是一个有形的统一体；在其他行政方式中，法律若将所有权力集于一体并非易事，而在君主制中，所有权力是自然而然地集于一体的。

因此，人民的意志、君主的意志、国家的公共力量、政府的个别力量，一切都服务于同一动机，机器的全部机关都操纵于一人之手，一切都朝着同一目标迈进，不存在相互破坏的对立力量，我们不可想象的力量还会产生比这更大的作用力。在我看来，安坐在河边、毫不费力地顺水拖着一艘大船的阿基米德就是一位精明的君王形象，这样的君王身在帷幄之中治理着辽阔的国家，貌似不动声色，实则玩一切于掌心。

然而，如果说没有哪种政府比君主制更具活力，那么也没有哪种政府中的私意比君主制更有威力，更容易主导其他意志。当然，在君主制下，一切都朝着同一目标迈进，可是这一目标并非公共福祉的目标，行政力量本身不断地转过身来损害着国家。

国王都想成为绝对的主宰，人们远远地向他们呼喊：要成为绝对的主宰，最好的办法就是得到人民的爱戴。这条准则非常动听，而且从某些方面看也千真万确。不幸的是，宫中之人总是对它嗤之以鼻。来自人民的爱戴的力量也许是最大的力量，但是这种力量是脆弱的和有条件的，君主们永远不会满足于此。如果他们乐意，最好的国王也想变坏，他们并不因此就不是一国之主了。一位政治说教者[167]徒然地对他们说：人民的力量就是国王的力量，国王的最大利益就是人民欣欣向荣、人丁兴旺、令人生畏。国王们明白这不是真的。他们的个人利益首先是人民既弱且穷，永无抗拒之力。我承认，在人民总是绝对服从的情况下，君主们的利益就是人民强大起来，因为这种力量也是他们的力量，这样就可以威震四邻了。可是，这种利益只是次要的、附属的，而且这两种假设是相互矛盾的，所以君主们当然总是更偏爱那条对他们最直接有用的准则了。这就是撒母耳极力要向希伯来人说明的[168]，这也是马基雅维里凿凿有据地指出的。马基雅维里假装劝诫国王们，实际上却是谆谆劝诫人民[169]。马基雅维里的《君主论》是共和人士的宝书[170]。

根据一般比例，我们发现君主制只适合大国[171]，通过对君主制本身的研究，我们也发现了这一规律。公共行政人员愈多，君主对臣民的比例就愈小，愈接近相等，以至于该比例在民主制下变为“一”或相等。如果政府收缩，该比例就随之增大，当政府掌握在一人之手时，该比例就达到了最大值。这时，君主和人民之间就出现了一段过大的距离，国家就缺乏维系的力量。要产生维系的力量，就必须有中间等级，就须有王侯将相来填补中间等级[172]。然而，所有这些中间的哪一点都不适合小国，所有这些等级会毁了一个小国的。

但是，如果说大国要治理得好不是一件容易之事的话，那么一个人要把大国治理好更是难上加难，每个人都知道，当国王委派钦差时会产生什么后果。

造成君主制政府总是逊于共和制政府的一个本质的和不可避免的缺陷就在于，在共和制中，那些被公众的声音推举到显要位置的几乎都是精明能干的人，他们也把履行职守当作荣誉；而在君主制中，发迹者经常都是糊涂虫、无赖、奸诈小人，他们在宫廷中爬到高位所使用的小聪明，一旦在他们坐到高位之后，就只能在公众面前暴露出他们的无能。较之君主来说，人民更少犯这种择人的错误[173]，君主制政府中有真才实学的人和共和制政府中傻瓜担任首脑的情况几乎同样少见。因此,如果一个天生的治国之才偶然而又幸运地执掌了已被一群钻营佞臣败坏殆尽的君主制国家的国政,人们会惊讶于他靠的是什么手段,这就成了国家划时代的大事[174]。

君主制国家若想治理得好,它的大小或它的幅员就必须依治理者的能力而定。夺天下易,治天下难。如果有一个足够长的杠杆,一个指头就可以撼动世界,可是要支撑这个世界,就要靠海格立斯的臂力了。国家稍微大一点,君主就几乎总是显得小了。反之,当国家对于首领来说过小时,这种情况当然很少见,国家还是治理不好,因为首领总是好高骛远,从而忽略人民的利益,他滥用过人的才干给人民造成的不幸并不亚于一个缺乏才干的平庸首领造成的不幸。可以说,一个王国在每朝每代的扩张或收缩都要根据君主的能力而定,相反,由于元老院才能的大小较为固定,国家就可以有稳定的疆界,行政也不会变坏。

一人政府的最显著的缺点就在于缺乏这种连续的继承性,而这种继承性在其他两种政府中形成了一种不间断的纽带。国王驾崩,就必须有新国王,选举期间就成了危险的、风雨飘摇的间隔期。除非公民是秉正无私的,而这些优点恰是这种政府所不具备的,否则阴谋和腐败就乘虚而入。靠收买而执掌了国政的人很难不回过头来出卖国家,也很难不从弱者身上捞回强者所搜刮于他的钱财。在这样的治理之下,国家迟早会卖官鬻爵盛行,人们在有国王时所享有的和平比王位空缺间隙时的混乱还更糟糕啊。

为了防止这些弊端，人们做了些什么呢？某些家族采取了世袭王位的方式，并确立了某种继承顺序以免在国王驾崩时发生争夺，也就是说，用摄政的弊端代替了选举的弊端。人们更乐于接受一种表面的平静而不是一种贤明的行政，更乐于冒险让孩子、怪物、傻瓜来做首领而不敢经过一番竞争来选出贤明的国王。人们没有看到在冒险选择这种方式时，也几乎使所有机会都与己作对了。小迪尼斯曾因一桩可耻的行为遭到老迪尼斯[175]的指责："我可曾给你做出过榜样?"儿子答道："可是你的父亲不是国王啊!"儿子的这句话是非常有道理的。

一个高高在上、发号施令的人最容易失去公正和理性了。据说，人们煞费苦心地把统治的艺术传授给年轻的君主们，但是这种教育看来于他们并无裨益。最好还是首先教给他们服从的艺术。那些名垂青史的伟大国王从没有接受过统治术的培养，这门学问历来都是学得越多，掌握得越差；服从要比指挥更能使人掌握它。因为辨别好与坏的最方便、最迅捷的方法，就是扪心自问：如果不是你而是别人当国王，你想要什么或不想要什么①。

这种连贯性缺乏的一个后果就是王权政府的无常，在位的君主或代其统治的人的性格不同，造成政府此一时按该计划行事，彼一时又按另外的计划行事，既无法在较长时间内有一个固定

① 塔西佗：《历史》第一卷。——卢梭原注

的目标，又无法有一种一贯的行为，这种变化使得国家总是朝令夕改，计划频出。在其他形式的政府中，由于总是同一位君主掌管政府，就不会出现这种情况。由此可见，一般情况下，宫中多诡计，元老院中多智慧[176]；共和国沿着固定的方向、朝着既定的目标前进，而君主政府的每次变动都会在国家中引发一场革命。所有大臣，也几乎是所有国王的共同准则就是凡事与前任反其道而行之。

从这种不连贯中还可看出那些王权政治家常提到的一种诡辩，这就是他们不仅把公民政府喻为家庭管理，把君主喻为一家之长（这一错误已被驳斥[177]），而且还对这位行政官不吝溢美之辞，说他具备一切必要的德行，总是把君主设想成他应该的样子。根据这种假设，王权政府显然优于其他任何政府，因为它毫无疑问是最强的政府，如果它的团体意志更加符合公意的话，那它就是最好的政府了。

柏拉图认为①，国王从本质上说是一个百年不遇的人物，如果此言不虚的话，那么先天的素质和后天的机遇又有几回能够凑到一起让一个人当上国王呢？如果王权教育必然败坏接受这种教育的人，那么对于被培养成治人者的一班人，我们还应抱什么指望呢？因此，将王权政府等同于明君政府就是自欺欺人了。要看清此类政府的本质，就必须看它在无才无德的君主治下的

① 《政治篇》。——卢梭原注

样子,因为他们要么是坐上宝座时就无才无德,要么是坐上宝座之后才变得无才无德的[178]。

我们的作者不是没有看到这些困难,但是他们对此丝毫不感到为难。他们声称,补救的办法就是无怨无悔地服从[179]。上帝是在盛怒之下造就了昏君,那么就应当像忍受上天的惩罚一样来忍受昏君。这种论调也许能教化人,可是我不知道它是否更适合于在讲台上宣讲而不是写在一本政治书里。如果一个医生的全部医术只是鼓励病人一味地忍耐,他竟还许诺出现奇迹,那我们对这样的医生还能说什么呢?我们也知道,如果遇到坏的政府就要能忍则忍,但解决的办法是要找到一个好的政府。

第七章　论混合政府

严格说来,单一形式的政府是不存在的。首领虽然只有一个,但是他的手下必须有一群行政官,一个民主政府也必须有一个首领。因此,在行政权力的分享上,总是存在多数人或少数人分享行政权力的问题,区别在于有时是多数人听命于少数人,有时是少数人听命于多数人。

有时也有权力均享的情况。或者是政府各组成部分相互制约,如英国政府[180];或者是政府每个部分的权威是独立的,但是不完善的,如波兰政府[181]。后一种形式是不足取的,因为政府失去了统一性，而且国家也缺乏维系的力量。

那么，哪一种更好呢？是单一政府还是混合政府？政治家们对该问题也是莫衷一是，对它的回答和我前面对一切政府形式的回答应是一样的。

单一政府从本身来说是最好的，原因只在于它是单一的。可是，当行政权力对立法权力失去了足够的依赖性，也就是说，当君主对主权体的比例大于人民对君主的比例时，就应当分割政府来补救比例上的这一缺陷。这样做，政府各部分对于臣民的权威不会降低，而被分割之后各个部分对主权体的对抗力量就减弱了。

预防这一弊端的另一方式就是设置一些中间环节的行政官，他们在保持政府完整性的同时，只是用来平衡两种权力和维护各自的权利。这样，政府并没有变成混合的，而是得到了缓和。

也可以用类似的方法来弥补相反的弊端。当政府过于涣散时，就设立一些官职来加强它。所有的民主制政府都是这么做的。在前一种情况下，人们分割政府是为了削弱它，在后一种情况下则是为了加强它。因为力量和软弱的最大值都存在于单一政府中，而混合政府可以产生一种中间力量。

第八章　论任何政府形式都不适于所有国家

并非所有气候都能结出自由的果实，所以自由也不是所有人民都可享有的。我们越是咀嚼孟德斯鸠所确立的这一原则[182]，就越是感到它的千真万确。我们越是质疑它，就越是有机会找到新的证据确立它。

在世界上的所有政府中，公共人格是只消耗而不产出任何东西的。那么被消耗的物质从何而来呢？来自其成员们的劳动。是个人的剩余构成了公共的必需品。由此，只有当各人的劳动产出超过了他们的需要时，社会状态才能维持下去。

然而，不是世界上的所有国家都有同样多的盈余。在有的国家，这种盈余是非常可观的，在另一些国家则是微薄的，有的国家根本没有盈余，有的还有亏空。这一比例取决于气候是否有利于多产，取决于土地对劳动的要求，取决于物产的性质，取决于居民的力量，取决于居民所必需的消耗的多寡，还取决于构成该比例的其他几种类似的比例。

另外，并非所有政府的性质都是相同的。有的政府胃口大，有的政府胃口小。这种不同是基于另一原则，即公共捐税离其源头愈远，就愈加沉重。衡量这种负担的依据不应是捐税的数量，而是捐税返回到纳税人手中所须经过的路程。当这一循环快捷而畅通时，纳税的多寡是无关紧要的，人民总是富足且财政总是良好。反之，不论人民纳税多么少，只要这点税收也不返还给他们，人民因为总是付出，很快就囊空如洗了；国家也永远不会富裕，人民就永远可怜。

由上可见，人民与政府的距离愈远，他们的赋税就愈是沉重。

所以在民主制中，人民的负担是最轻的；在贵族制中，这种负担就比较沉重了；在君主制中，人民的负担最重。因此君主制只适合于殷实的国家，贵族制适合于在财富和幅员上都中等的国家，民主制适合于小而穷的国家。

的确，我们的思考越是深入，就越是感到自由国家和君主国家在这方面的不同：在前者，一切都用于公共的用途；在后者，公共力量和个人力量是成反比的，此削导致彼长。最后的结果是，专制政府治理臣民不是为他们谋幸福，而是将他们推向贫穷来治理。

下面讲的是每种气候条件下的诸多自然原因，人们可以根据这些原因决定采用何种政府形式，而政府形式是由气候的力量导致的，甚至可以说出哪种气候适合哪种居民。那些出产抵不上劳动的贫瘠不毛之地就应任其荒芜、闲置，或者让野蛮人去住；那些劳动所得仅够生活所需的土地应当让蛮族居住，在那里，一切政治都是不可能的；那些产出与劳动相抵后剩余不多的土地适合自由的人民；那些肥沃高产、只需较少劳动就可有很多产出的土地应当实行君主制，为的是让君主的奢侈来消耗臣民过多的剩余，因为这种过剩最好被政府吸收掉而不是被个人挥霍掉。我知道例外也是有的，但这些例外恰恰证实了以上规律，因为它们迟早要引发革命，从而使事物恢复到自然秩序。

我们要总是把一般规律和可能改变一般规律之结果的个别原因加以区分。即使整个南方建立的都是共和国，整个北方建立的都是专制国家，下面的论断仍不失为真理，即在气候的影响下，专制适合于炎热的国家，野蛮适合于寒冷的国家，良好的政治适合于中间的地区。我还看到，人们虽同意这一原则，但对于它的应用可能会有所争议。有人可能会说：有的国家虽然寒冷但是非常肥沃，有的南方国家却非常贫瘠。可是这一问题只是对于那些不从事物的各种比例来分析问题的人才成其为难题。我已经说过，必须计算劳动、力量、消耗等因素间的比例。

假设有两块大小相等的土地，一块的产量为五，另一块的产量为十。如果第一块土地的居民的消耗量为四，第二块土地的居民的消耗量为九，那么第一块土地产出的剩余就是五分之一，第二块就是十分之一。两个剩余之比就是两个产量之比的倒数，产量只为五的土地在剩余上却是产量为十的土地的两倍。

可是这里所说的不是两倍的产量，我相信任何人都不会笼统地把寒冷国家土地的肥沃程度等于炎热国家土地的肥沃程度。不过，我们还是假设有这种相等。我们姑且把英国和西西里、波兰和埃及作一比较。再往南是非洲和印度，再往北就没有任何国家了。要达到这种产量上的相等，这些国家在耕作上有什么不同呢？在西西里，只需刮过地皮就可以了，而在英国，精作起来要花费多大的心血啊！在必须投入更多的劳力才能要达到同样的产量的地方，其剩余就一定更少。

除此之外，我们还应考虑到同样多的人在炎热国家的消耗量要少得多。气候使得那里的人们生活朴素以保持健康，在这些国家，欧洲人若还要和在本国一样生活，都将死于痢疾或消化不良。夏尔丹[183]说："与亚洲人相比，我们是如狼似虎的食肉动物。有些人把波斯人的朴素归因于他们的国土开垦不足，相反，我却认为是因为波斯居民不需要那么多粮食，所以他们的国土的出产才不多。"他接着说，"如果他们的简朴是国家缺粮的结果，那么就只有穷人才会吃得少而不是人人如此，那么各省就因土地肥力不同而消耗的粮食有多有少而不是整个国家都生活简朴。他们对自己的生活方式颇为自得，说只需看一看他们的脸色就得承认，他们的生活方式比基督徒的生活方式更好。波斯人的脸色确实都是一样的，他们的皮肤漂亮、细腻、光滑，而他们的臣民，像欧洲人那样生活的亚美尼亚人则皮肤粗糙，鼻若酒糟，身体也是又胖又笨。"

越是靠近赤道，人们的生活所需就越少。那里的人几乎不吃肉，稻米、玉米、小米、黄米、木薯构成他们的日常食粮。在印度，有数百万人每天的食物花费竟不到一分钱。即使在欧洲，南方人和北方人的胃口也有明显的不同。一个德国人的一顿晚餐可够一个西班牙人吃上一个礼拜。在那些人民比较贪吃的国家，奢侈也表现在吃的方面。在英国，奢侈表现为一桌大鱼大肉；意大利人则用糖和鲜花来款待你。

衣着上的奢侈也表现出类似的差别。在那些季节转换急遽而猛烈的气候条件下，人们穿的衣服更好，更为朴素；在那些穿衣只是一种打扮的气候条件下，人们更多的是追求一种炫耀而不是实用，衣着本身成为一种奢侈。在那不勒斯，你每天都会看到身着金光闪闪的上衣、但不穿长袜的人在波西利波山上散步。在建筑方面也是这样，当完全不必为风吹日晒担心时，人们就会在富丽堂皇上大作文章了。在巴黎和伦敦，人们的住所追求的是温暖舒适，而马德里人的客厅虽极为讲究，却没有关得上的窗子，他们睡觉的地方就像老鼠洞。

炎热国家的食物在营养和美味上要讲究得多，这第三种差别必然会影响到第二种差别。意大利人为什么吃那么多蔬菜呢？因为那里的蔬菜长得好，营养丰富，味道可口。法国的蔬菜只是靠浇水长成的，所以没什么营养，在餐桌上也几乎算不上菜。可是法国的蔬菜并不少占土地，栽种时花的力气至少和意大利相当。这已经是一种公认的经验了：巴巴里亚[184]的小麦虽然质量不如法国小麦，但磨出的面粉要多得多，而法国小麦磨出的面粉要比北方小麦多得多。我们由此可以得出，一般来说，从赤道到北极存在着类似的递减现象。然而同样的作物出产较少的可食之物，这不也是一种明显的不足吗？

除了所有这些不同因素之外，我还要补充一点，它从前面的因素中导出并且可以佐证前面的因素。这就是：炎热国家比寒冷国家需要较少的居民，但可以养活更多的居民，这就导致两倍的剩余，它总是有利于专制政府。同等数量的居民分布的地域愈大，造反就愈加困难，因为人们既不能快速地，也不能秘密地商议，政府却可以很容易地发现图谋，切断联系；而众多的人口分布得愈集中，政府愈不能僭越主权体，首领们可以像君主在内阁中商议一样，同样安全地在其幕府中商议，民众可以像军队在营地集结一样，同样迅速地在广场上集合。在这方面，专制政府的好处在于远距离采取行动。借助于它为自己设立的支点，它的力量也像杠杆的力量一样达及远方①。相反，人民的力量只有集中起来才会有所作为，范围一大，力量就分散，化为乌有，如同洒落在地的火药，只能燃起星星之火。因此人口最少的国家最适合于专制，猛兽只有在沙漠中才能称王。

第九章　论好政府的标志

如果有人一定要问什么是最好的政府，这个问题既无法回答也不能确定；或者可以说，人民的绝对和相对地位有多少种可能的结合，该问题就有多少种正确答案。

可是，如果有人要问：判断某一人民被治理得好或坏的标志是什么，那就是另一回事了，这个事实问题是可以回答的。

不过，它根本没有得到回答，因为每个人都想以自己的方式回答它。臣民颂扬的是天下太平，公民颂扬的是个人自由；这个人希望财产有保障，那个人希望人身有保障；这个人希望最好的

① 这一点与我在前面第二卷第九章的观点并不矛盾。关于大国的缺点：前面说的是政府对于其成员的权威，此处说的是政府对付臣民的力量。分散在各地的成员是政府用以控制远方人民的支点，但是政府却没有任何支点来直接控制这些成员本身。因此，在后一种情况下，长的杠杆是政府的弱点；在前一种情况下则是它的力量。——卢梭原注

政府是最严厉的政府，那个人主张最好的政府是最温和的政府；这个人希望惩治犯罪，那个人希望预防犯罪；这个人觉得被邻人惧怕是好事，那个人不愿张扬；这个人对于金钱流通感到高兴，那个人要求人民先有饭吃。即使人们能够在这些问题及其他类似问题上达成一致，难道就能前进一步吗？抽象的数量缺乏精确的尺度，人们即使在标志上可以达成共识，又怎能在估算上形成统一呢？

在我看来，人们对于一个如此简单的标志视而不见，或者说人们别有用心地不肯承认这一标志，对此我总是迷惑不解。政治结合的目的是什么呢？就是成员的保全和兴旺[185]。他们获得保全走向兴旺的最可靠标志是什么呢？就是他们的数量和他们的人丁。因此无需到别处去寻找这一如此莫衷一是的标志了。假设别处的一切条件相等，一个政府没有外部手段，不靠同化外族，没有殖民地，而它治下的公民繁衍增多，那么毫无疑问这个政府就是最好的政府；一个治下人丁减少、日趋衰败的政府就是最坏的政府。会计算的人啊，现在是你们的事情了：就请点一点、数一数、比一比吧①。

---

① 人们应当按照同一原则来判断哪些时代在人丁兴旺方面值得特书。人们过于推崇那些文学艺术繁荣发达的时代了，而没有参透其文化的隐蔽目的，没有看到它们的不幸后果，傻瓜把奴役的开始称作人道。难道我们在那些圣贤书的箴言中永远也看不出作者说话时的卑鄙利益吗？不，不管他们怎么说，一个国家尽管可以显赫一时，如果它的人口减少，就称不上一切都好，一个诗人拥有十万利弗尔的年金，这并不足以说明他的时代是最好的时代。判断一个时代是好是坏，不应当只看表面的太平和首领们的无忧，而应当看所有国家，尤其是人口最多的国家是否幸福。冰雹可使几个州府受灾，但它很少造成饥荒。骚乱、内战使首领们担惊受怕，但不是人民真正的不幸，因为当大家争相做王时，人民甚至可趁机享有片刻的放松。人民真正的繁荣或灾难来自他们经常的状态；当枷锁之（转下页）

第十章　论政府的滥用权力及其走向蜕化

由于私意不断与公意发生冲突，所以政府不断与主权作对。这种对立力量越大，建制越遭到破坏，而且由于这里没有其他的团体意志与君主意志相抗衡，最终君主迟早要镇压主权体，撕毁社会条约。这是政治体固有的、不可避免的缺陷，自政治体诞生之时起，它就一刻不停地毁坏着政治体，就像衰老和死亡毁坏着人之身体一样。

有两条途径可以引导政府走向蜕化，即当政府收缩时或者当国家解体时。

当政府的人数由多变少时，即从民主制走向贵族制和从贵族制走向君主制时，政府就发生了收缩。这是政府的自然走向①。

（接上页）下一切都被压垮，便是一切走向衰落之时，便是首领们随心所欲地整治人民之时，他们制造万马齐喑的局面，并把它称为天下太平。当大人物们的纠葛搅得法兰西王国不得安宁时，当巴黎的主教助理在衣兜中将一把匕首带入最高法院时，法国人民仍生活幸福，人丁兴旺，诚实、自由而安逸。从前，希腊在最残酷的战争期间还繁荣一时，尽管血流成河，但整个国家人满兴旺。马基雅维里说，在谋杀、流放和内战中，我们的共和国反而更加强大。公民的德行，他们的民风，他们的独立对共和国的巩固作用比它的所有纷争对共和国的削弱作用还要大。些微的动荡可赋予心灵以活力，真正使人类得以繁荣的，是自由而不是和平。——卢梭原注

① 水网之中的威尼斯共和国的缓慢形成和发展就是这种更迭的一个显著例证。奇怪的是，一千二百多年来，威尼斯人似乎仍然处于一一九八年议会关闭所开始的第二阶段。至于人们所指责的古代大公们，不管《论威尼斯的自由》（一六一二年出版的一本匿名小册子，其目的是确立皇帝对威尼斯共和国的主权。——译注）怎么说，实践证明，他们并不是威尼斯人的主权体。

人们肯定会拿罗马共和国来反驳我，说罗马共和国遵从的是一种从君主制到贵族制、又从贵族制到民主制的反向的进程。我则不以为然。（转下页）

如果政府的人数发生从少到多的倒转，我们就可以说政府涣散了，但是这种逆向的进程是不可能发生的。

的确，只有当政府元气耗尽、衰弱得无法维持其原有形式时，它才会改变形式。然而，如果政府在扩张时涣散下来，它的力量就化为乌有，它就更无法维持。因此，如果政府的发条松弛下来，就必须重新拧紧它，否则它所支撑的国家就会倾覆。

国家的解体可能以两种方式发生。

第一种，当君主不再依法治国、篡取了主权权力时。这时就会发生显著的变化，即不是政府、而是国家在收缩，我是说大国解体，从中形成一个只由政府成员组成的国中之国，对于人民来说，政府是他们的主人和暴君。从政府篡取主权的那一刻起，社会契约就被破坏，所有的普通公民理所当然地回到了他们自然的自由状态，他们被迫服从，而不是将服从视作义务。

（接上页）罗慕路斯最初建立的是一个混合政府，它旋即蜕化为一个专制政府。由于一些特殊原因，这个国家过早地灭亡了，就好像一个新生儿还没有成人就夭折一样。驱逐塔尔奎尼亚王朝是共和国真正的诞生时期，但是这一行为在开始时没有采取一种连贯的形式，因为罗马人没有废除贵族，这一事业就半途而废了。因为这样一来，世袭贵族制本来就是合法的行政中最坏的一种，就与民主制发生了冲突，如马基雅维里所证明，一直摇摆不定的政府形式在设立了保民官后才固定下来，只是到了这时，才有了真正的政府和真正的民主制。的确，此时的人民不仅是主权体，还是行政官和法官，元老院只是一个附属的机构，来缓和或加强政府的力量，而执政官本身，尽管也是贵族、首席行政官或战争中的绝对统帅，在罗马他们只是人民的管家而已。

从此，我们也发现政府开始了它的自然走向，强烈地向着贵族制演变。贵族团体好像是自行消亡的，所以贵族制就不再像威尼斯和热那亚那样存在于贵族团体中，而是存在于由贵族和平民组成的元老院团体中。当保民官们开始篡取实权时，贵族制甚至存在于保民官团体中：因为名称丝毫改变不了事实，当人民有了代其进行治理的首领时，不论这些首领被冠以什么称号，都是贵族制。

内战和三头政治产生于贵族制的滥用权力。苏拉、尤利乌斯·恺撒、奥古斯都就成为事实上的真正的君王，国家在提贝里乌斯专制时期终于解体。所以罗马的历史并没有否定我的原则，恰恰是证实了我的原则。——卢梭原注当政府成员单独地篡取了只应集体行使的权力时，也会发生同样的情况。这不是一种无足轻重的违法行为，它造成更大的混乱。这时有多少个行政官就可以说有多少个君主，而国家也像政府一样四分五裂，或者走向灭亡或者改变形式。

当国家解体时，政府的一切滥用权力的行为都被统称为*无政府*[186]。如果加以区分，就是民主制蜕化为*无主制*，贵族制蜕化为*寡头制*，我还要补充一点，君主制蜕化为*暴君制*。可是这最后一个词不甚明了，需要加以解释。

通俗意义上的暴君是一个用暴力统治、无视公义和法律的国王。确切地说，暴君是一个本无权享有王权、但窃取了王权的个人。希腊人就是这样理解“暴君”一词的。他们不加区别地用它称谓那些没有合法权威的好的和坏的君主①。因此*暴君*和*篡权者*完全是两个同义词。

为了用不同的名词来称呼不同的东西，我把王权的篡夺者称为*暴君*，把主权的篡夺者称为*专制者*。暴君是以违法手段取得权力，却依照法律进行统治的人，专制者是将自己置于法律之上的人。因此暴君不一定是专制者，但专制者肯定是暴君。

---

① “在一个奉行自由的城邦，一个人若总是掌权，他就被称为或视为暴君。”（康涅利乌斯·尼波斯：《米提阿底斯传》）亚里士多德（《尼各马可伦理学》第八卷第十章）倒是将暴君和国王作了区分，前者是为了自身的利益进行统治，后者只是为了臣民的利益进行统治。可是一般说来，所有希腊作者都从另外一个意义上使用暴君一词，就像色诺芬笔下的希伦一样。如果按照亚里士多德的区分，自从开天辟地以来，还不曾存在一个国王。——卢梭原注

第十一章　论政治体的灭亡

即使是建制最好的政府,也不可避免地走向灭亡。斯巴达和罗马灭亡了,又有哪个国家有望永存呢[187]?如果我们想要建立一个持久的机制,那就不要指望它永久存在。要想成功,就不要明知不可为而为之,也不要以为出自人手的东西是牢不可破的,因为人类的事物是没有牢固性可言的。

政治体就像人的身体一样,从诞生之日起就开始了死亡的进程,并且身上携带着导致毁灭的原因。可是两者都可能有一种或多或少强健的、使其保存或长或短的机制。人的体质是自然的作品,而国家的建制是人为的作品[188]。要延长生命,这可由不得人;而给国家尽可能好的建制、从而尽可能地延长国家的生命,这一点人却可以做到。建制最好的国家也有终结的一天,可是如果没有意外事件导致其过早灭亡的话,它比其他国家灭亡得晚。

政治生命的原则位于主权权威之中。立法权力是国家的心脏,行政权力是指挥各部分运转的大脑。大脑瘫痪,人仍然活着,他虽然活着,但成了痴呆。可是一旦心脏的功能停止,动物就死了。

国家的维持靠的不是法律,而是立法权。昨天的法律在今天不具有约束力，但是由于沉默被推想为默许，所以主权体被认为在不断认可它可以废除、但没有废除的法律[189]。主权体的意愿一经宣布，它就永远具有这种意愿，除非它收回这种意愿。

那么，为什么人们对以前的法律如此尊敬呢？原因即在于此。人们或许认为古代意志尽善尽美，古代法律才得以如此长久地保存下来；如果主权体不是不断地承认它们是有益的，早就废除它们一千遍了。所以，在一切建制良好的国家，法律的效力远不是在减弱，而是不断地获取新的力量，对古代的尊崇使得这些法律日益受人尊敬。如果年代愈久远，法律的效力愈渐削弱，这就证明不再有立法权了，国家也就维持不下去了。

第十二章　怎样维持主权权威

除了立法权力之外，主权体别无其他力量，所以它只能通过法律来发挥作用；由于法律只是公意的真实表达，所以只有在人民集中起来时，主权体才能发挥作用。有人会说："将人民集中起来，那不是天方夜谭吗？"这在今天是一种天方夜谭，可是在两千年前就不是。难道是人性改变了？

抽象事物的可能的界限不像我们所认为的那样狭窄，恰是我们的弱点、我们的弊端、我们的偏见使这些界限变窄了。小人之心无法揣度伟人之腹，卑贱的奴隶听到"自由"一词抱以嘲弄的一笑。

让我们从已经发生的事情入手来考察可能发生的事情。我将不谈古代希腊的共和国，而罗马共和国在我看来是一个大国，罗马城是一个大城市。最后的人口调查表明，罗马城有四十万武装的公民，而罗马帝国的最后调查结果是四百多万公民，这还不算那些臣民、异邦人、女人、儿童和奴隶。

要把这个首都及其周围众多的人民经常召集起来，该是何等难以想象啊！但是，很少有哪个星期罗马人民不召集起来，甚至一星期数次。他们不仅行使主权权利，而且行使政府的部分权利。他们处理某些事务，审理某些案件，在公共广场上，所有罗马人民几乎经常既是行政官，又是公民。

如果上溯至各国的发轫之初，我们就会发现，大部分古代政府，哪怕是像马其顿人和法兰克人的君主制政府，都有类似的会议。不管怎么说，单是这个无可辩驳的事实就是对所有难题的回答：从现存的事物推及可能的事物，其结论在我看来是正确的。

第十三章　(续)

把人民召集起来，批准一整套法律，将国家的建制确定下来，单是这一点还是不够的；人民建立了一个永久政府或一劳永逸地选举出行政官，做到这一点也还是不够的。除了因意外情况必须召开特别集会外，还必须召开固定的、定期的会议，不能因为任何事情取消或推迟，到了规定的日子，人民按照法律合法集会，而无需任何其他召集形式。

可是，除了这些只能按期举行的法律所规定的会议外，人民的集会如果不是由专门负责此事的行政官按照规定的形式所召集，这样的集会应被视为非法的，会上通过的一切应被视为无效的，因为集会的号令本身应当由法律发出。

至于合法集会的频次不一的例会，它们取决于多种考虑，对此不能给出明确的规定。我们只能笼统地说，政府越有力量，主权体越应当频繁出面。

有人会对我说，对于单独一个城市来说，这样做可能是可行的；可是如果国家包括好几个城市，又当如何呢？是把主权权威进行平分呢，还是将其集中于一个城市而使所有其他城市听命于它呢？

我的回答是二者都不可行。首先，主权权威是单一的、统一的，如果分割它就势必破坏它。第二，不论是一个城市还是一个国家，都不能合法地臣服于另一个城市或国家，因为政治体的本质即在于服从和自由是一致的，臣民、主权体这些词是对等的概念，其内涵集中于“公民”这一个词上。

我对另一个问题的回答是，把几个城市联合而为单独的城邦总是一个错误，而且，如果要进行这种联合，就不应认为避免了它的种种自然的缺陷。不能以大国的滥用权力为由来反对主张小国的人，但是怎样才能使小国有足够的力量来抵御大国呢[190]？就像从前希腊城市抵御伟大国王一样，就像后来的荷兰和瑞士抵御奥地利王室一样。

不过，如果不能把国家限定在适当的限度内，还有一个办法，就是不得定都[191]，将政府驻地轮流设在每个城市，并且轮流在每个城市召集国家的各个等级开会。

让人口均衡地遍布国土，让同样的权利惠至国土的各个角落，让国土处处充满富足和生机，只有这样，国家才能变得强大，得到尽可能好的治理[192]。想一想吧，城市的广厦是以乡间房屋化为瓦砾为代价建造起来的，[193]每当我在首都看见一座宫殿拔地而起时，我就好像看到整个国家化为一片茅屋。

第十四章 （续）

当人民作为主权体合法集会时，政府的一切权限就要停下来，行政权力暂停行使，作为末等公民的人和作为首席行政官的人是同样神圣不可侵犯的，因为被代表者既已前来，也就不需要有代表了[194]。罗马民会中所发生的大部分争吵都是因为无视或忽视这一规则造成的。这时的执政官只是人民的主持人，保民官只是传声筒①，元老院则什么也不是。

---

① 与英国国会中使用该词的意思大致相同。甚至当一切权限都被中止时，这种职位上的相似也会造成执政官和保民官的冲突。——卢梭原注

在暂停行使权力期间，君主承认或被迫承认眼前有一个上级，这样的时候对君主来说总是可怕的；而人民集会作为政治体的保护神和政府的制约力量，自古以来就是首领们所深恶痛绝的，因此他们总是费尽心机、针锋相对、设置障碍、遍许诺言，来阻挠公民的集会。如果公民吝啬、胆怯、懦弱、爱安逸胜于爱自由的话，他们就不能长久地抵御政府的一再破坏。因此，在抵制力量的不断增长下，主权权威最终荡然无存，大部分城邦过早地衰落了，灭亡了。

然而，在主权的权威和专断的政府之间，有时还会有一种中间权力，我们下面来说一说。

第十五章　论议员或代表

一旦公共服务不再是公民的主要事情，一旦公民更愿意用他们的钱袋，而不是亲自提供公共服务，国家也就离灭亡不远了。要上前线打仗吗？他们就花钱雇佣军队而自己待在家里。要去参加会议吗？他们就指定议员而自己待在家里。由于懒惰和金钱作祟，他们最后将祖国交由士兵来奴役，交由代表来出卖。

正是商业和艺术的作祟，对收益的贪求以及怠惰和贪图安逸，才将个人的服务转化为金钱。人们为了随心所欲地获取更大利益宁可让出自己的一部分利益。快拿钱吧，你们将马上获得枷锁。代役费一词就是一个奴役的字眼,在城邦中,人们是不知它为何物的[195]。在一个真正的自由国家里,公民是凭双手做一切事情的,而不是用钱做任何事情的。他们绝不会花钱来使自己免除义务,他们花钱是为了亲自履行义务。我与常人的观点相去甚远:我认为徭役并不比捐税更背离自由[196]。

国家的建制越好,在公民的心目中公共事务就越高于私人事务。甚至私人事务还会因此大为减少,因为公共幸福的总和在每个人的幸福中所占的比重增加了,所以个人所要追求的东西就相应地减少了。在一个政通人和的城邦里,一有集会,人人飞奔而去;而在一个坏政府治下,谁也懒得挪动一步去参加集会,因为谁也不关心集会上讨论的事情,大家早就料到主导集会的不是公意,最终人们一门心思操心自家的事情。好的法律使人制定出更好的法律来,而坏的法律带来更坏的法律。一旦有人在谈到国事时这样说,与我何干?我们就应当认为国家完了。

爱国热情的降低、私人利益的勃兴、国土的辽阔、东征西讨、政府的滥用权力等,使人想出了在国家的集会中设立人民的议员或代表的途径。在某些国家,人们竟敢称之为第三等级。因此两个等级的个别利益被放在了第一位和第二位,公共利益才排在第三位。

主权是不能被转让的,同理,主权也是不能被代表的,主权在本质上就是公意,而意志是不能被代表的:它要么是同一个意志,要么是别的意志,没有中间意志可言。所以人民的议员不是、也不能成为人民的代表，他们只是人民的使者，他们不能拍板任何事情。任何法律不经人民亲自批准都是无效的，根本就不是法律。英国人民自以为是自由的，他们大错特错了，他们只是在选举议会成员时才是自由的；一旦议员选出，他们就变成了奴隶，什么也不是了[197]。在他们短暂的自由时间内，他们已经使用了这种自由，所以失去自由也是值了。

代表的概念是近代才有的，它来自封建政府，这种无道而又荒谬的政府[198]，这种政府治下的人类是堕落的，"人"这个词就是一种侮辱。在古代共和国，即使在君主制中，人民从来没有代表，甚至不知道这个词。奇怪的是，保民官在罗马既如此神圣，人们竟没有想到他们是可能僭越人民的职能的，而且保民官竟从未在如此广大的民众中主动举行过一次全民投票。不过，在格拉古[199]时代发生过这样的事：部分公民竟从房顶上往下投票，让我们判断一下人多有时会造成怎样的麻烦吧。

在权利和自由得到重视的地方，出现一些不足也无关紧要。罗马人民贤明豁达，一切都被安排得恰到好处，人民让侍从官去做保民官不敢做的事，人民并不担心侍从官有代表人民的企图。

然而，要解释保民官有时是怎样代表人民的，只需想一想政府是怎样代表主权体的即可。由于法律只是公意的宣言，显然，在立法权力上，人民是不能被代表的，但是人民却可以、而且应该在行政权力上被代表，因为行政权力只是依照法律执行的力量。这样，如果我们加以仔细考察，就会发现只有极少数国家才拥有法律。不管怎样，可以肯定的是，没有任何行政权的保民官永远不能凭借职务赋予他们的权利来代表罗马人民，他们只有在僭越了元老院的权利后才能代表人民。

在希腊人中间，人民所要做的一切都是由人民亲自做的，人民不断在广场上集会。他们居住于温暖的气候条件之下，所以心性不贪，杂事交给奴隶去做，人民关注的只是自身的自由。如果没有同样的便利，又怎能保持同样的权利呢？你们的气候更为严寒，所以你们有更多的需要[①]，一年中有六个月广场是无法待人的，你们含混不清的语言也不能被大庭广众听到，你们关心所得胜于关心自由，所以你们更害怕的是贫穷而不是奴役。

怎么！难道自由只能靠奴役来维持吗？或许吧。这两个极端是相似的。一切不符合自然的东西都有缺陷，而文明社会比起其他的一切来缺陷更多。有这样的不幸的情形：自身的自由只能靠损害别人的自由来保全，只有奴隶是完全的奴隶，公民才是完全自由的。斯巴达的情况就是这样。近代的人民，你们没有奴隶，但你们就是奴隶，你们用自己的自由赎买了他们的自由。你们不用自夸你们的恩惠，我从中看到更多的是懦弱，而不是人道。

通过以上论述，我无意说明奴隶存在的必要性，也不是说明奴隶制是合法的，因为我已经证明了相反的结论。我只论述了

---

① 如果在寒冷的国家也过着东方人一样的奢侈和怠惰的生活，那就等于甘愿把他们的枷锁戴在自己头上，就肯定比他们更受制于这种枷锁。——卢梭原注

自以为自由的近代人民何以拥有代表,而古代人民何以没有代表。无论如何,人民从它为自己选出代表的那一刻起,就不再自由了,也不存在了[200]。

总的来看,如果城邦不是非常之小,我不明白主权体此后何以可能在我们中间行使它的权利。可是,如果城邦非常小,它不是会受制于人吗?不会的。以后①我要说明怎样把一个强大人民的对外力量与一个小国的便利的管理与良好的秩序结合起来。

第十六章 论政府的建立不是一种契约

立法权一经确立,行政权同样也要确立下来,因为后者只是通过一些个别的行为来运作,它不是立法权的本质所在,所以当然要与立法权分立。主权体既然被视作主权体,如果它还拥有行政权力,那么权利和事实就将混在一起,人们就搞不清哪些是法律,哪些不是法律[201]。由此,失去其本质的政治体将很快陷于暴力,而建立政治体的目的本是为了反对暴力的。

---

① 这也是我在本书的续集打算做的,在探讨对外关系时,我会谈到联邦制。这是一个全新的题目,其中的原则还有待确立。——卢梭原注

关于联邦制,卢梭在《爱弥儿》第五卷中插入了《政治制度论》的概要内容:"最后,我们还要研究:要医治这些弊病,是不是可以采取联盟和联邦的办法,让每一个国家对内自主,对外以武装去抵抗一切不义的侵略者。我们要研究怎样才能建立一个良好的联邦结合体,怎样才能使其维持久远,怎样才能使联邦的权利尽量扩大而又不损害各国的主权。"——原编者注

社会契约规定,所有公民一律平等,所有公民应该做的事,所有公民都可以规定,而任何人都无权强求别人去做他自己不做的事情。所以,主权体在建立政府制度时所赋予君主的,正是这种对于维持政治体的存在和运转所必不可少的权利。

很多人[202]声称,建立政府的行为是人民与他们所推举的首领之间的一种契约,这种契约为订约双方规定了一些条件,一方有义务发号施令,一方有义务遵守服从。我相信,大家都承认这是一种奇怪的订约方式。且让我们看看这种观点是否站得住脚。

首先,最高权威既不能被转让,也不能被改动,限制最高权威就等于毁灭它。如果主权体再给自己选择一个上级,那是荒谬的和矛盾的;让自己服从一个主人,就是使自己重新回到完全的自由状态[203]。

再者,人民与这些人或那些人所订立的这种契约显然是一种个别的行为,所以这种契约既不能成为法律,也不能成为主权行为,因此它是不合法的。

我们还可以看出,订约双方只是受自然法则的制约,对于彼此间的承诺没有任何保证,这种情况无论如何都是与社会状态相违背的[204]。强力在手的人就总是执行的主人,依此类推,如果一个人对另一人说:“我把我所有的财产都给你,但条件是你要把其中你想要的都还给我。”那么,这样的行为也可以冠以契约之名了。

国家只有一种契约,这就是结合的契约,有了这一契约,就排除了其他任何契约[205]。我们不能想象有哪一种公共契约不是对于结合的契约的违背。

第十七章　论政府的建立

我们应当按照什么思想来理解创建政府这一行为呢？我首先要指出，这一行为是复杂的，或者说由另外两个行为组成，即法律的制定和法律的执行。

通过前者，主权体规定所建立的政府将采用这种或那种形式，显然，这种行为是一种法律。

通过后者，人民任命首领来负责所建立的政府。不过，这种任命是一种个别的行为，它不是一种次级法律，而仅仅是前面的法律的结果，是政府的一种职能。

难以理解的是，在政府存在之前何以能够存在一种政府行为，人民既然只是主权体或臣民，又怎么能够在某些情况下成为君主或行政官？

政治体的令人称奇的特性之一仍然是在这里显露出来的：正是因为拥有这些特性，政治体使表面看来相互矛盾的行为协调起来。因为这一特性是由于主权突然转变为民主制而形成的，以至于没有发生任何显著的变化，只是通过一种新的全体对全体的关系，公民就变为了行政官，从普遍行为过渡到个别行为,从法律到执行。

这种关系的变化绝不是在实际中没有先例的闭门造车的结果,这种变化每天都在英国议会里发生,下院在某些情况下转变为大委员会,以便更好地讨论国事;这样它就由此前的主权会议变为简单的委托机构。随后它又向作为下院的自身报告它刚刚以大委员会的身份所解决的问题,以一种名义重新商讨它在另一种名义下已经解决了的问题。

民主制政府的好处就是,它可以单凭公意行为就在事实上把政府建立起来。此后,如果这种形式被通过,这个临时政府就继续执政,或者以主权体的名义建立法律所规定的政府,而所有这一切都是符合规定的。如果放弃上面所确立的原则,就不可能以任何合法的形式来建立政府。

第十八章　防止政府篡权的手段

从上面的论述中我们得出印证第十六章观点的结论:建立政府的行为不是一种契约,而是一种法律,行政权力的受托者不是人民的主人,而是人民的公仆[206];人民推举他们或是废黜他们全凭自己的意愿;他们无权与人民订约,而只能服从;他们在承担国家加于他们的职能时,只是在履行他们的公民义务,无论如何都无权在条件上讨价还价。

因此，当人民建立一个世袭制政府时，不论它是在某个家族内世袭的君主制，还是在某一等级内世袭的贵族制，人民绝不是在做一种承诺，而是选择了一种暂时的执政形式[207]，直至人民想另行选择执政形式。

当然，这些变化总是很危险的，若不是政府与公共利益达到不可调和的地步，否则千万不要触动已经建立起来的政府。可是这种慎重只是一种政治法则而非权利规则，国家不一定要把执政权威交给它的首领们，正如它不一定要把军事权威交给它的将军们一样。

当然，在这种情况下，人们做不到非常严格地遵守规定的程序，以至于分不出什么是正常的合法行为，什么是作乱的喧嚣，分不出哪些是全体人民的意志，哪些是部分人的叫嚣。尤其是，人们在严格遵守权利的规定的情况下所不能拒绝的东西，在这时只能奉献出来应对这种可恶的局面，君主也从这种义务中获得巨大的好处，可以不顾人民的意愿来维护手中的权力，人们却不能说他篡夺了权力。因为君主表面看来只是在使用他的权利，可以很容易地扩大使用范围，以公共的安宁为借口来阻挠旨在恢复良好秩序的集会。他阻挠打破万马齐喑的局面或让人制造事端，把那些因胆小怕事而三缄其口的人说成是在拥护自己，对那些敢于直言的人加以惩罚。因此，十人执政官刚当选时的任期为一年，后来又延长一年，他们不许民会开会，试图永远把持权力。世界上的所有政府一旦掌握了公共力量，也是通过这种轻松的手段,或早或晚篡夺主权权威的。

我前面所说的定期集会[208]可以防止或延迟这种灾难,尤其是当集会无需正式的召集时,此时君主如果阻挠集会,就等于公开宣布自己是违法者和国家的敌人。

这些集会的目的只是维护社会公约,集会开始时应当总是讨论两个提案,这两个提案永远不能取消,并且单独付诸投票。

第一个提案:主权体是否愿意维持现在的政府形式。

第二个提案:人民是否愿意让目前当政的人继续执政[209]。

我这里暗含的是我认为已经证明了的道理,即国家之中没有任何不能废除的基本法,甚至社会契约也是如此[210]。因为,如果全体公民集会的目的是一致同意废除这一契约,那么毫无疑问,它就完全合法地被废除了。格劳秀斯[211]甚至认为每个人都可以放弃他所属的国家,在脱离国家时恢复其自然的自由和财产①。所以,每个公民单独可以做的事,全体公民联合起来却不能做,那是荒谬的。

第三卷完

① 当然,在祖国需要我们时,我们不会离开它来逃避义务,不去报效祖国。这时,逃跑就是有罪的,应受惩罚的了,这已经不是退出,而是背叛了。——卢梭原注

第四卷

第一章　论公意是不可摧毁的

联合起来的数人只要自视为一个整体，他们就只有一个意志，就是他们共同的生存和公共的幸福。这时，国家的全部力量既勃发又单一，它的准则既明晰又醒目，它没有错综而矛盾的利益，共同的利益处处明明白白地显示出来，明眼人一看便知。和平、团结、平等与政治上的勾心斗角互为敌人。正直纯朴之人难以被人蒙蔽，原因即在于他们的纯朴。诱惑、花言巧语也骗不了他们，他们还不够工于心计，所以不会上当受骗。当我们看到，世界上最幸福的人民[212]中成群的农民在橡树下处理着国事，做起事情来永远像圣贤一样，而其他民族因为巧耍阴谋诡计而把自己搞得臭名昭著又可怜可叹，我们不是要不由自主地蔑视后者的机关算尽吗?

民风纯朴的国家只需要很少的法律[213],当有必要颁布新的法律时,这种必要性人人都看得出来。第一个提出法律议案的人只是说出了大家已经感觉到的东西,一旦他确信别人也会像他一样做,那就既无需阴谋也无需雄辩就能把人人决定要做的事通过为法律。

那些理论家之所以一叶障目,是因为他们只看到某些从一开始就没有好建制的国家,于是他们认定,在这样的国家是不可能实行上述治理方式的。一想到聪明的骗子和巧舌如簧的演说家竟能让巴黎或伦敦人民对种种谬论信以为真,他们就发笑。他们不知道克伦威尔如果在伯尔尼会被人民关进挂铃所[214],波伏尔公爵会被日内瓦人民关进惩戒所[215]。

可是当社会纽带开始松弛、国家开始衰落,当个人利益开始抬头、小集团开始影响大社会时[216],共同利益就会发生变化,就会产生反对者,人民不再用一个声音说话,公意不再是所有人的意志,矛盾、争吵应运而生,即使最好的意见,也要经过一番争论方能通过。

最后,当濒于毁灭的国家只能维持徒有其表、名不副实的形式时,当社会联系在所有人的心中都断裂时,当最卑鄙的利益厚颜无耻地以神圣的公共幸福之名招摇过市时,这时公意变得鸦雀无声,人人打着小算盘,不再作为公民发表意见了,仿佛国家从未存在过,人们弄虚作假,假托法律之名通过一些追逐个人利益的无道法令。

公意是否就此化为乌有或变质了呢？不，公意永远是稳定的，不可改变的和纯粹的，但它屈从了其他更强大的意志。每个人在将他的利益从公共利益中脱离出来时，就清楚地知道他无法将二者完全分开，但是与他企图据为己有的非我莫属的好处相比，他的那一份公共的坏处就显得微不足道了。除却这种个别的好处，他和其他任何人一样，还渴望得到公共的好处，作为自身的利益[217]。在他甚至将其选票作价出售时，他也没有泯灭心中的公意，而是回避了它。他所犯的错误在于他改变了问题的性质，而且对于人们向他提出的问题答非所问。所以他在投票时不是考虑："这对国家是有利的。"而是说："如果通过这个或那个主张，这对于这个人或这个党派是有利的。"因此，集会中公共秩序的法律就不再是在集会中维护公意了，而是要经常有人询问公意，而且公意总是要作出回答。

单就一切主权行为中的投票权一项，我这里本想做进一步论述，这项权利是无论如何都不能从公民手中剥夺的；我还想深入探讨政府总是费尽心机只留给其成员的发言权、提议权、分歧权、讨论权。可是这一重要内容需要专文论述了，我在本书中无法说透。

第二章　论投票

从前一章我们可以看出，一般事务的处理方法是观照民风的现实状况和政治体的健康状况的一个相当准确的标志。在集会中越是步调一致，也就是说意见越是趋于统一，公意就越占主导地位。可是长久的争论、纠纷和吵嚷宣示着个别利益的抬头和国家的衰落。

当国家的建制中包括两个或多个等级时，上述情况就不那么明显，如罗马的贵族和平民，他们的争吵经常搅乱民会，而这甚至发生在共和国的鼎盛时期。可是这种例外更多是表面现象而非真实情况。因为这时，由于政治体固有的弊端，可以说一国之内实际上有两个国家，两部分合起来做不成的事情，每个单独的部分就有可能做成。事实上，即使在最动荡的时期，只要元老院不介入，人民的全民投票总是平静地进行，而且按多数选票的意志行事：因为公民们只有一种利益，所以人民只有一个意志。

全体一致的情况也会出现在另一极端。这就是当陷入奴役状态的公民既没有自由也没有意志时。这时，恐惧和谄媚将投票行为变为异口同声的叫喊，人们不再讨论，人们或者拥戴，或者咒骂。这就是罗马皇帝治下的元老院的卑鄙的表态方式。有时，元老们也可笑地加些小心：据塔西佗记载[218]，在奥托[219]时期，那些大骂维特利乌斯[220]的元老们同时故意散布一种可怕的传闻，为的是万一维特利乌斯掌了权，他也无从知晓他们每个人说过什么话。

从以上论述中可以得出一些准则，即应当根据公意被认识的难易程度和国家的盛衰程度，对计算选票和比较民意的方式作出规定。

只有一种法律从本质上说需要全体一致的同意，这就是社会契约，因为社会的结合是世界上最自愿的行为，所有人都是生而自由的和自主的，任何人，不论以何种借口，都不能不经他的同意就奴役他[221]。规定一个女奴的儿子生下来就是奴隶，就等于规定他生下来就不是人[222]。

因此，在订立社会契约时，如果有人反对，他们的反对并不能使契约失效，而只是使自己不被包括在契约之内，他们是公民中的异类[223]。当国家建立后，对社会契约的同意就体现在居住权[224]，居住在这块土地上就等于服从主权①。

除了这一原始契约外，最多数人的声音对所有其他人来说从来就是一种需要服从的义务，这是契约本身的一种结果。可是有人要问：一个人怎能做到既是自由的又不得不与并非他本人意志的意志保持一致？反对者怎能做到既是自由的又服从他并没有同意的法律？

我回答说：这一问题的提法不好。公民是同意所有的法律的，甚至同意那些他虽不情愿但还是通过了的法律，甚至那些如果他敢于违反其中一种就会遭受惩罚的法律。国家所有成员的

① 这一点应当总是指一个自由国家的情况，因为家庭、财产、无家可归、贫穷、暴力等都可以违背居民的意愿而将他限制在这块土地上，这时单是他的居住情况已不再说明他是同意契约还是违反契约了。——卢梭原注

固定意志就是公意，正是有了公意，他们才是公民，才是自由的[①]。当在人民集会上提交一项法律时，公民所要做的，确切地说并不是表态赞成或否决这项提议，而是就该提议是否符合公意表明态度，因为这公意也是他们的意志。每人在投出自己的一票时也表明了自己在这个问题上的意见，通过计算选票，公意就宣布了。当与我相反的意见胜出时，这只能表明我是错的，表明我所以为的公意并不是公意。如果我的个人意见占了上风，那么我所做的就非我所愿了，这时我就不是自由的了。

当然，这意味着公意的全部特点仍然体现为多数，当这些特点不再体现为多数时，不论人们作出何种选择，都不再有自由可言了。

我在前面说明人们在公共讨论中是怎样以私意取代公意时，已经清楚地指出了防止此类滥用权力的可行办法。我在后面还会谈到这一点。至于宣布公意所应达到的投票比例，我也给出了原则，人们可以根据这些原则确定这一比例。一票之差就称不上相等，有一个反对者就称不上一致通过。可是在一致通过和相等之间，存在着多种不相等的分布情况，我们可以根据政治体的状态和需要来为每种分布确定一个比例。

有两个一般准则可以用来规定这些比例：其一，讨论越是重

---

① 热那亚监狱的正面和囚犯的镣铐上都刻着自由一词。该题铭用在这里既正确又公正。事实上，只有各国的坏人才会妨碍公民的自由。如果一个国家的所有这些人都被送去做苦役，那么人们就享有最完全的自由。——卢梭原注

要和认真,胜出的意见就越是接近全体一致;其二,所讨论的事务越是需要快速解决,所规定的不同意见的票数差别就应当越小,在应该当机立断的讨论中,有一票超出就够了[225]。前一个准则似乎更适合于法律的制定,后一个准则更适合于事务的处理[226]。不管怎样,多数的宣布所需要的最佳比例是以二者的结合来确定的。

第三章　论选举

我已经说过[227],君主和行政官的选举是复杂的行为,可以通过两种方式进行,即推选和抽签。两种方式都在不同的共和国使用过,现在我们仍然可以看到这两种方式在选举威尼斯总督时非常复杂的结合。

孟德斯鸠说:“抽签选举是民主制的性质使然。”我同意,可是为什么呢?他接着说:“抽签是一种使任何人都不感到苦恼的选举方式,它给每个公民以一种为国服务的合理希望[228]。”这并非其理由。

如果我们注意到首领的选举是政府的而非主权的一种职能的话,我们就会理解为什么抽签的方式更符合民主制的性质,因为在民主制中,政府的作为较少,反而管理得更好。

在一切真正的民主制中,行政官一职不是一种好处,而是一副重担,如果强制让这个人干而不让另一个人干就有失公允。只有法律才能把这副担子压到抽到此签的人头上。在抽签时,既然条件对所有的人都是平等的[229],选择不取决于任何人的意志,所以没有破坏法律的普遍性的个别做法。

在贵族制中,君主选择君主,政府自己保全自己,所以投票是最合适的方式。

威尼斯总督选举的例子证实了这种区别,而绝不是违反了这种区别。这种混合形式适合混合政府。因为将威尼斯政府视作真正的贵族制是错误的。虽说威尼斯政府中没有人民的任何位置,但是贵族在政府中就是人民。一群贫穷的"巴那波特"[230]从未曾与任何行政官职有缘,他们的贵族身份只体现为"阁下"的空头衔和参加大议会的权利。这种大议会的人数和我们日内瓦全民议会的人数同样多,它的最显赫的成员并不比我们的普通公民拥有更多的特权。可以肯定,如果除却两个共和国的极端差别,日内瓦的市民完全对应于威尼斯的贵族,我们的土民和居民就相当于威尼斯的市民和人民,我们的农民就相当于出租土地上的臣民。最后,不论我们对这个共和国怎么看,除了它的面积大,它的政府并不比我们的政府更像贵族制。所有的区别在于:我们没有终身的首领,所以我们不需要抽签。

在真正的民主制中,一切都是平等的,抽签选举倒也没有什么不好。不论从道德、才能还是从准则、财富来看,选谁做首领几乎是无所谓的。但是我已经说过[231],真正的民主制是根本不存在的。

当推选和抽签混合使用时，推选所填补的应是那些需要相应的才能的职位，如军事职务，而抽签适宜于那些只需理性、公正、廉洁就能胜任的职位，如法官，因为在一个有良好建制的国家，这些优点是所有公民共有的。

在君主制政府中，抽签和投票都没有必要。因为国君是法定的、唯一的君主和行政官，他的下属的选择全由他一人来决定。当圣皮埃尔神甫[232]建议增加法国国王的委员会的数量、通过投票选举委员会成员时，他没有看到，他的建议其实是要改变政府的形式。

我剩下要谈的是在人民集会上发放和回收选票的方式。可是在这方面，罗马政治的历史或许可以更清楚地解释我所要确立的所有准则。一个明察的读者稍微仔细地考察一下一个二十万人的会议如何来处理公共事务和个人事务，也是很值得的。

第四章　论罗马民会[233]

对于早期的罗马，我们没有任何确切的文献资料，甚至人们所谈的关于罗马的大部分说法极可能只是一些传说①。一般说

① 人们以为罗马(Rome)一词源自罗慕路斯(Romulus)，其实它是希腊语，意为力量；努马(Numa)一词也是希腊语，意为法律。显然，这座城市最早的两位国王提前取了与他们后来的所为密不可分的名字。——卢梭原注

来，各民族编年史中最能说明问题的部分，即各民族的形成历史，是我们最缺乏的部分。经验每天都在告诉我们各帝国发生革命的原因，可是由于不再有新的民族形成，我们只能靠猜测来解释它们原来是怎样形成的。

那些被人们视为既定的习俗至少证明这些习俗是有起源的。某些可以追根溯源的传说，那些为最大的权威所支持、为更有力的理由所证实的传说应被认为是最为可靠的。我在探究世界上最自由、最强大的民族[234]怎样行使其最高权力时，所努力遵从的就是这些准则。

在罗马建立之后，新生的共和国，即由阿尔巴人、萨比人和异邦人组成的那支起家的军队被分为三个类别，这三个类别在划分时取名为部族。每个部族又被分为十个胞族，而每个胞族又被分为十人队，它们的首领称作胞族长和十人队长。

除此之外，人们还从每个部族中抽调一百名骑兵或骑士组成一支队伍，称为百人团。由此可见，这些划分在市镇上无甚必要，它最初只是军事上的编制。但是，小小的罗马城似乎有成就大业的本能，所以它事先就为自己制定了一套与世界之都的地位相称的政治制度。

这一最初的划分随即带来一个缺陷，即阿尔巴人的部族①和萨比人的部族②一直保持原状，而由于异邦人不断补充进来，异

① 拉姆内斯人(Ramnenses)。——卢梭原注
② 塔提埃斯人(Tatienses)。——卢梭原注

邦人部族[1]的人数不断增多，很快就超过了前二者。塞尔维乌斯为这一危险的弊病所开出的药方就是改变划分方式，他废除了按种族划分的制度，代之以按每个部族在城市中所在的位置来划分。他不是划分出三个部族，而是四个。每个部族占有罗马的一座山丘，并以山丘的名字命名。因此，塞尔维乌斯不仅修正了现存的不平等，而且也预防了将来的不平等。这种方式不仅是对居住地的划分，也是对人的划分，他禁止一个地方的居民到另一个地方去，这就防止了种族的混杂。

他还将原来的三个骑兵百人团增加一倍，另外又新设了十二个百人团，但仍沿袭原来的名称。这种方法既简单又合理，凭此方法，他最终将骑士群体与人民群体区分开来，而没有造成后者的不满。

除了这四个城市部族，塞尔维乌斯另外还设立了称作乡村部族的十五个部族，因为这些部族由分散在十五个州府的乡村居民组成。然后，他又设立了同等数量的新部族。最后，罗马人民被分为三十五个部族，这一数字在共和国结束之前一直是固定的。

从城市部族和乡村部族的这种区分中就产生了一个值得关注的后果，这种后果前所未有，罗马民风的保存和帝国的扩张都归因于此。有人以为城市部族会立即攫取权力和荣誉，不失时

---

① 鲁塞尔人(Luceres)。——卢梭原注

机地排斥乡村部族；恰恰相反。我们知道早期的罗马人对乡间生活的热爱，这一热爱是贤明的创制者带来的，是他使自由与农作和军事训练相结合，可以说，他把艺术、工艺、阴谋、财富和奴役留给了城市。

因此，罗马所有显赫的人都住在乡村，耕种土地，人们习惯于只从乡村寻找共和国的栋梁。这种状况是最尊贵的贵族的状况，它受到了所有人的推崇。村民们简朴而劳作的生活比罗马市民闲散而松弛的生活更受推崇，一个人在城市里可能只是一个可怜的无产者，但只要他去耕地，他就变为一个受人尊敬的公民。瓦罗[235]说，我们尊贵的先人把培养健壮而勇敢的人的基地设在乡村是不无道理的，因为培养出来的这些人在战时可以保护他们，在和平时期可以养活他们。普林尼[236]明确说过，乡村部族受尊敬的原因在于其组成人员，人们把那些想贬斥的小人迁移到城市部族，是为了羞辱他们。前来罗马定居的萨比人阿比乌斯·克劳第乌斯[237]备受推崇，他被归入一个乡村部族，该部族后来便以他的姓氏而命名。最后，那些被解放的奴隶全都进了城市部族，从未进入乡村部族。尽管他们已经成为公民，在整个共和国期间，从未有哪个被解放的奴隶做过行政官的例子。

这一准则本是完美无缺的，但是在实行时走过了头，以至最后发生了变化，在政治上也当然产生了一种弊端。

首先，监察官长期把持着随意把公民从一个部族转移到另一个部族的权利，后来，他们允许大部分人加入他们想去的部族，这种许可肯定是没有任何益处的，它使监察行为丧失了它的一个主要作用。另外，达官显贵们都加入了乡村部族，已成为公民的被解放了的奴隶和群氓留在了城市部族中，这样，总的来说，各部族都不再拥有自己的领地和地盘了，而是所有的部族交相杂居，人们只能通过户口簿才能区分每个部族的成员的身份，以至于部族一词从一个实在的概念变为一个身份的概念，或者说几乎名不副实了。

由于有近水楼台之便，城市部族经常在民会中坐大，甚至把国家出卖给那些胆敢从构成民会的无耻之徒手中贿买选票的人。

至于胞族，创制者在每个部族都设立了十个胞族，于是城墙之内的全体罗马人民就由三十个胞族组成，每个胞族都有自己的庙宇、神明、官员、祭司和被称作土地节的节日，这些节日类似于后来乡村部族的乡村节。

到了塞尔维乌斯采用新划分法时，由于这三十个胞族不能平均地分配在他的四个部族里，而他又不想触动胞族，于是独立于部族的胞族就成为罗马居民的另一种划分方法。但是，不论在乡村部族，还是在组成乡村部族的人民中间，都没有胞族。因为部族已经变为一种纯粹的民事机构，而且采取了另一种招募军队的方式，所以罗慕路斯[238]时代的军事划分法已经是多余的了。因此，尽管每个公民都被划入一个部族，却远不是每个公民都属于一个胞族。

塞尔维乌斯还实行了第三种划分法，它与前两种没有任何关系，就其效果来看，它是所有划分法中最重要的一种。他将全体罗马人民划分为六个等级。他既不按地域也不按身份，而是按财产来划分，所以靠前的等级全部是富人，而靠后的等级全部是穷人，中间的等级是财产状况一般的人。这六个等级又被分为一百九十三个名为百人团的群体，这些群体的分布如此不均，单是第一等级就占有半数以上的百人团，而最后的等级单独组成了一个百人团。这样一来，人数最少的等级百人团的数量却最多，而整个最后的等级只被当作一个百人团来计算，尽管它一个等级就占有半数以上的罗马居民。

为了不让罗马人民洞察到这后一种形式的结果，塞尔维乌斯假装为它披上一层军事外衣：他在第二等级安插两个甲胄士百人团，在第四等级安插两个军械士百人团。除了最后的等级，他把每个等级的年轻人和年老人区别开来，即将有义务扛武器的人和年岁已大依法免于扛武器的人区别开来，与财产划分制相比，这种划分需要经常地进行人口的调查或统计。最后，他要求集会在玛尔斯练兵场举行，所有符合服役年龄的人都要带着武器到广场集合。

他没有在最后的等级中也对年轻和年长之人作出划分，原因在于，该等级由群氓组成，他不愿把为祖国扛枪的荣誉给予群氓。要得到保家的权利就先必须有家，今天的国王军队里那些引人注目的无数的乞丐若是放在当时，恐怕没有一个不被敝屣般地从罗马步兵大队中清理出去，因为那时的士兵是自由的捍卫者。

不过，人们在最后的等级中还是把无产者和那些按人头计数的人作了区分。前者还不至于一无是处，至少还是国家的公民，在急需时有时甚至还可当兵。至于那些一无所有、只能按人头计数的人，他们完全被视若无物了，马略[239]是第一个肯将他们招至麾下的人。

这里暂且不论这第三种计数方式本身是好是坏，我认为可以肯定地说，只有早期罗马人的淳朴民风、他们的无私、他们对于农作的热爱以及对于商业和唯利是图的蔑视才使这种计数方法可行。而在近代人中间有着无厌的贪求、焦虑的心理、机关的算尽、马不停蹄的奔波、反复无常的祸福变幻，哪个民族能使这样一种制度维持二十年而不至于天下大乱呢？我们甚至还要指出，罗马的民风和监察力量比这种制度更为强大，纠正了这一制度的弊端，如果有哪个富人过于炫耀他的财富，他就被贬斥到穷人一等了。

综上所述，我们就很容易理解为什么尽管实际上有六个等级而人们几乎从来只提五个等级了。因为第六个等级既不能参军，也不能去玛尔斯练兵场①投票，在共和国几乎一无用处，所以也就很少被算作一个等级了。

---

① 我说在玛尔斯练兵场是因为百人团民会是在那里集会的。在其他两种形式中，人民则是在会场（forum）或其他地方集会的，此时，按人头计数的人和等级最靠前的公民拥有同样的影响和权威。——卢梭原注

上面是罗马人民的各种分类方式。现在让我们看一下它们在集会中所产生的结果。这些合法召集的集会称为民会，通常在罗马广场或玛尔斯练兵场举行，根据召集会议所依据的三种形式中的一种，分为胞族民会、百人团民会和部族民会：胞族民会是罗慕路斯创立的制度，百人团民会是塞尔维乌斯创立的制度，部族民会是保民官创立的制度。所有的法律都是在民会上批准的，所有的行政官也是在民会上选出的。由于所有的公民都被划入某个胞族、某个百人团或某个部族，所以所有公民都拥有投票权，罗马人民不论在权利上还是事实上都是真正的主权体。

民会的召开若具有合法性，民会上通过的东西若具有法律的力量，三个条件是必须具备的：第一个条件是召集会议的群体或行政官应被赋予相应的必要权威，第二个条件是大会应在法律许可的某一天召开，第三个条件是天相应为吉兆。

第一条规定的理由无需解释。第二条规定是管理方面的，因此，在安息日或赶集日召开民会是不被允许的，因为来罗马办事的乡下人没有时间在公共广场待上一天。凭借第三条规定，元老院可以约束一些自负和不安分的人，及时缓解那些蠢蠢欲动的保民官的狂热，但是这些保民官总有办法来摆脱此种束缚。

并非只有法律和选举首领才需要提交民会定夺，罗马人民既已代庖了政府的最重要的职能[240]，可以说整个欧洲的命运都是在罗马人民的大会上决定的。多种多样的目的就使得集会有必要根据人民所要裁决的问题来采取不同的形式。

要对这些形式作出评判，只需将它们作一比较就够了。罗慕路斯在设立胞族时意在以人民来制约元老院，又以元老院来制约人民，达到同时控制所有人的目的。通过这一形式，他就使人民拥有了数量上的绝对优势，以制衡他留给贵族们在权势和财富上的优势。然而，根据君主制的要义，鉴于贵族的被保护者在投票的多数上所具有的影响，他留给贵族的好处其实是更多的。保护者和被保护者的这一令人赞叹的制度[241]是一项政治和人类的杰作，如果没有它，与共和精神如此相悖的贵族阶级就不可能维系下去。只有罗马有此殊荣为世界作出了好榜样，它从未产生什么弊端，但也未有过后来者。

胞族这种形式一直存在于塞尔维乌斯之前的所有国王的治下，而且末代塔尔奎尼亚王朝的统治又不被视为合法的，所以人们一般就以胞族法来特指王权时期的法律。

在共和国时期，由于胞族一直局限于四个城市部族，只包括罗马的群氓，所以这种形式既不能适应代表贵族的元老院，也不能适应保民官了，因为保民官尽管仍是平民，却代表着那些富裕的公民。于是胞族失去了威信，堕落下去，以至于他们的三十个侍从官聚在一起，就代庖了本该由胞族民会所做的事情。

百人团的划分对贵族制如此有利，以至于人们一开始想不通元老院何以不能总是在百人团民会中占上风，执政官、监察官和其他坐象牙椅的行政官都是由百人团民会选举出来的。事实上，在构成整个罗马人民的六个等级的一百九十三个百人团中，第一等级就占了九十八个，而选票只是按照百人团来计算的，所以单是第一等级就在选票数量上压倒了其他所有等级。当该等级的所有百人团达成一致时，人们甚至就不再清点票数了。这样，最少数人作出的决定就成为多数人的决定，可以说，在百人团民会中，事务更多的是以埃居[①]的多数、而不是以选票的多数来决定的。

但是，这种极端的权威被两种方法所缓和。首先，保民官通常是富人等级，很多平民也是富人等级，他们平衡了第一等级中贵族的影响力。

第二种缓和方法是这样的：按规定，百人团投票首先不是依其等级进行的，因为这样的话，第一个百人团就总是最先投票，于是人们以抽签的方式选出一个百人团，只有该团[②]进行选举；然后召集所有的百人团按照他们的等级另择日期重复同一选举，其结果通常印证了前面的选举。这样，地位便丧失了示范的权威，按照民主制的原则，这一权威让位给抽签了。

这一做法还会带来另一个好处，这就是乡下的公民可以利用

---

① 埃居(Écu)，法国古代货币单位。——译注

② 通过抽签选出的这个百人团称作特权团(prœ rogativa)，因为它是第一个被要求投票的百人团，特权(prérogative)一词就是由此而来。——卢梭原注

两次选举的间隔了解被临时任命的候选人的品行，以便在知根知底的情况下投下他们的选票。可是这一做法最终以速战速决为借口被废止了，两次选举在同一天进行。

部族民会才是罗马人民的议会。只有保民官才能召集部族民会，保民官在部族民会上选出，并在部族民会上通过他们的平民法律。元老院在此不仅毫无地位，甚至无权参加部族民会。元老们不得不服从他们未能表决的法律，在这方面，元老们还不如那些末等公民更自由。这种不公正完全被误解了，单是这种不公正就足以使一个群体的法令失效，因为并非该群体的所有成员都参加了投票。当所有贵族按照他们作为公民所拥有的权利参加部族民会时，他们此时只是普通的个人，他们无法对投票的形式施加影响，因为投票是按人头计算的，最低微的无产者和元老院之长是平等的。

我们发现，人口如此众多的罗马要进行投票，必须进行各种分配，除了这些分配方式所产生的次序外，这些分配方式并不流于与其本身无关紧要的形式，而是每种形式都有与其意图有关的后果，正是这些意图才使某种形式更受欢迎。

这里无需谈更多的细节，从前面的论述中即可看出，部族民会最有利于民主制政府，百人团民会最有利于贵族制。至于罗马的群氓独占多数的胞族民会，由于它们只有利于暴君制和不良的居心，所以它们是千夫所指的，甚至作乱者自己都避免利用这种过于暴露其图谋的方式。可以肯定，罗马人民的尊严只有在百人团民会中才能体现出来，只有百人团民会才有最广泛的覆盖面，因为胞族民会中缺少乡村部族，部族民会中缺少元老院和贵族。

至于计票方式，尽管不如斯巴达那么简单，但是早期罗马人的计票方式也很简单，恰如他们淳朴的民风。每个人高声报出自己的选票，一个书记员随之记录下来。每个部族之内的多数选票决定了该部族的投票，各个部族之间的多数选票就决定了人民的投票，胞族和百人团也是这样的。只要诚实的品格在公民中蔚然成风，只要每个人都耻于将选票公开投给不公正的主张或不称职的臣民，这种做法就是好的；可是当民风败坏、买票通行时，就应当举行秘密投票，用不信任来制约买票的人，不给那些无赖提供成为背叛者的途径。

我知道，西塞罗对这种投票方式的变化是谴责的[242]，他将共和国的灭亡部分地归因于这种变化。可是，尽管我在这里感到西塞罗的权威所具有的分量，我却不敢苟同他的观点。相反，我则认为，正是由于罗马共和国没有进行类似的变革才加速了国家的灭亡。健康人的食谱是不适合于病人的，同理，也不能用适合于善良人民的法律来治理败坏的人民。这条准则的最好例证莫过于威尼斯共和国的寿命了，它的虚名至今仍在，唯一的原因即在于它的法律是专为坏人制定的[243]。

所以，人们向每个公民发放一张书板，这样，每个人在投票时，别人就无从知道他的意见了。人们也制定了一些关于回收书板、计点选票、比较票数的新程序。尽管如此，那些负责这些工作①的官员的可靠性仍然经常受到怀疑。最后，人们还制定了诸多法令来防止投票的舞弊和交易，但过多的法令表明它们的无用。

及至后期，人们经常不得不求助于非常的权宜之计以弥补法律的不足。有时他们假托神迹，可是这种办法骗得了人民，却骗不了人民的治理者；有时他们在候选人还来不及搞小动作之前就突然召集开会；有时当他们发现被拉拢的人民即将作出错误的抉择时就将整个会议消耗在扯淡中。但是最后，野心骗过了一切，而且不可思议的是，尽管有着如此多的弊端，这个庞大的民族凭借其古代的规定，照常选举行政官、通过法律、审理案件、处理个人和公共事务，做起事情来几乎和元老院同样自如。

第五章　论保民官[244]

如果不能在国家的各构成部分之间确定一个精确的比例，或者如果一些无法抗拒的原因不断地破坏着各个部分之间的比例，这时就要创立一种特别的行政机构，这个机构不与其他的机构发生联系，它将每一个项重新置于其真正的比例中，或者在君

① 指选票的保管、分发与回收（Custodes，Diribitores，Rogatores suffragiorum）。——卢梭原注

主和人民之间,或者在君主和主权体之间,或者必要时同时为双方充当某种联系或比例中项[245]。

我将这个机构称为保民官制度,它是法律和立法权的维护者。它有时用以保护主权体来对抗政府,就像从前罗马的保民官的作用一样;有时用来为政府撑腰以对抗人民,就像现在威尼斯的十人会议的作用一样;有时用以维持双方的平衡,就像从前斯巴达的监察官的作用一样。

保民官制度不属于城邦的组织结构,它不应有任何立法权力和行政权力,然而正是因为这一点,它的权力才最大,因为它虽然自身什么也不能做,但它什么都可以不让做。作为法律的捍卫者,它比执行法律的君主和制定法律的主权体更加神圣、更受尊敬。那些总是对全体人民不屑一顾的自命不凡的贵族却不得不在一个普通的,既无后台也无司法权的保民官面前低头,这种现象在罗马是很平常的。

适度温和的保民官制度是良好建制的最有力的支撑,可是如果它的力量稍加过头,它就会推翻一切。软弱与它的本质无缘,只要它有了权力,它永远也不会适可而止的。

它本来只是行政权力的缓和器、法律的保护神,可是一旦它篡夺了行政权力,试图掌管法律[246]时,它就蜕化为暴君制了。斯巴达的监察官尽管拥有巨大的权力,但是只要它的民风依旧,就无甚危险;一旦腐败开始,便愈演愈烈。被这些暴君扼死的亚基斯[247]的血债被他的继任者讨了回来,监察官们的罪与罚都同样加速了共和国的灭亡，在克莱奥梅尼[248]之后，斯巴达便无足轻重了。罗马也是沿着同样的路线走向灭亡的，保民官逐步篡夺过度的权力，他们借助于为了保护自由而制定的法律，最终为破坏自由的皇帝们充当了保护。至于威尼斯的十人会议，它是一个对于贵族和人民都同样可怖的血腥的法庭，它远不是为了理直气壮地保护法律，在蜕变之后，它只是在暗中放一些见不得人的冷枪暗箭。

和政府一样，成员愈多，保民官制度愈加削弱。罗马人民的保民官最初是两个，后增至五个，当他们想再把这个数字翻倍时，元老院任由他们去做，深信可以用一些人牵制另一些人，这种情况果然就发生了。

要防止这个令人生畏的机构篡权，最好的办法就是不要使之成为一个常设机构，而是要规定间隔期，间隔期间它就被取消，这一办法至今还没有哪个政府想到过。这些间隔期不宜过长，否则就给政府滥用权力的行为留下了扎根的时间。间隔长短可以由法律规定，以便在必要时，特别委员会如果要缩短这些间隔也很容易做到。

我认为这种方法无可挑剔。我已经说过，因为保民官制度不属于建制范围，所以它可以被取消而建制却不受损害。该方法在我看来也是行之有效的，因为该机构恢复运作后所任命的行政官不是接管他的前任所拥有的权力，而是接管法律赋予他的权力。

第六章　论独裁官[249]

法律的刚性决定了法律不能因事件而变通，但是在某些情况下，这种刚性可能使法律变得有害，在危机时还可能导致国家灭亡。形式上的程序及拖沓需要一定的时间，而有时形势又是刻不容缓的。可能出现的无数情况都是立法者所始料不及的，如果能够认识到人不能万事都在意料之中，那也是一种非常必要的先见之明啊！

所以，在强化政治制度时，不要强化到这种地步，致使自己丧失了中止政治制度的作用的能力。斯巴达本身就曾把它的法律束之高阁。

然而，只有那些最大的危险才能与改变公共秩序的危险相提并论，只有在国难当头时，才能终止法律的神圣权力。在这些少有而明显的情况下，为了维护公共安全，人们可以通过一种特殊的行为，将该任务交给最称职的人。根据危险的类别，这种委任可以实行两种方式。

如果只需调动政府的能动性就可应付危险，那么就将政府交给它的一两位成员去集中掌管。这时，发生改变的不是法律的权威，而仅仅是执法的形式。如果危险太大，以至于法律机构已成为需要避开的障碍时，这时就要指定一个最高首领，由他来废止所有法律和暂时中止主权权威。在这种情况下,公意仍是无可置疑的,显然人民的首要意愿就是避免亡国。以这种方式中止立法权威绝不是推翻立法权威,使立法权威沉默的行政官不能使它讲话,他主宰着立法权威却不能代表它。他什么都可以做,就是不能制定法律。

当罗马元老院按照惯例委托执政官担负起拯救共和国的重任时,所采用的就是第一种方法;当两个执政官中的某一个任命一个独裁官时①,所使用的就是第二种方法,这种做法阿尔巴[250]已经给罗马作出了榜样。

在共和国创建之初,独裁制度是常用的方法,因为国家立足未稳,还难以凭借其建制的力量来支撑。如果在其他时候,许多预防措施就是十分必要的了,但是此时,罗马的民风使这些措施纯属多余,人们既不担心独裁官滥用权威,也不担心他在期满之后还企图把持着权力不放。相反,如此巨大的权力对于握有这种权力的人好像是一种负担,他急于卸下这副重担,就好像占据着法律的位置是一个太劳顿、太危险的职位一样。

因此,在罗马早期就实行这种独裁制度的不慎重的做法是颇受诟病的,其原因不在于权力滥用的危险,而在于权力贬低的危险。因为,当这种制度被滥用于选举、祝圣和纯粹礼仪事务时,人们就有必要担心:这种制度在需要时就不那么令人生畏了,

---

① 这种任命是在夜间秘密进行的,就好像将一个人凌驾于法律之上的做法是见不得人的一样。——卢梭原注

人们已经习惯于把一个只用于无关紧要仪式的头衔看作一个空名。

接近共和国末期时，罗马人慎重起来，但是他们在独裁制度上的谨小慎微和他们以前在独裁制度上的滥用一样缺乏道理。不难看出，罗马人的担心是没有根据的；首都的薄弱使其在对付首都内部的行政官时反而更加安全；独裁官在某些情况下可以捍卫公共自由，但永远不能侵犯它；罗马的枷锁也许不是在罗马内部铸造的，而是在它的军队中铸造的；马略对苏拉[251]、庞贝对恺撒都几乎没有进行抵抗，这清楚地说明了，若是以内部权威对抗外部力量，那是没有指望的。

这一错误使罗马人犯下了大错。例如，他们在喀提林一事上没有任命一位独裁官。由于这一事件只是罗马城内部、最多是意大利某个省份的事务，凭借法律赋予的无限权威，独裁官本来可以很容易挫败阴谋，而实际上，只是靠着各种机缘巧合，这一阴谋才得以平息，而人类的谨慎永远不应指望机缘巧合。

元老院却没有这么做，而只是把它所有的权力交给执政官们，由此，西塞罗为了提高做事效率，被迫在一个关键问题上逾越了这一权力；人民最初欣喜若狂，支持他的行为，然而因为他违反法律致使公民流了血，后来人们找他算账也是很正当的。如果发生在一个独裁官身上，人们就不能指责他这么做了。然而这位执政官的雄辩导致了一切，尽管他是罗马人，但他爱荣誉胜于爱祖国，他不是去积极寻找拯救国家的最合法、最稳妥的方法,而是想办法从这件事上获得荣誉①。因此,他作为罗马的解放者受到尊崇是很公正的,作为违法者受到惩罚也是公正的。不论对他的撤诉在当时如何轰动,毫无疑问这是一种赦免。

另外,不论以何种方式将这一重要使命委托于人,重要的一点在于为之规定一个短暂的任期,这一任期永远不能延长。在需要实行独裁的危急时刻,国家要么行将灭亡,要么很快得到拯救,紧要关头一过,独裁要么变为暴政,要么变得多余。罗马的独裁官当政时间只有六个月,大部分人在该期限之前就卸职了。如果这一期限更长的话,或许独裁官们想要延长,就像十人执政官一年的任期再延长一年一样。独裁官的任期只能用来应对选他做独裁官的紧急之需,他不能另有打算。

第七章　论监察官[252]

如同公意需要通过法律来宣告一样,公共评判则是通过监察官制度来表达的。舆论就是一种法律,监察官就是这种法律的执行者,和君主一样,他只是把这种法律用于具体的情况。

监察法庭远不是民意的仲裁者,而只是民意的宣告者,一旦它偏离了民意,它的决定就是空洞的和无效的。

---

① 在提名独裁官时他自己心中无底,因为他既不能毛遂自荐,也不能肯定他的同僚会提他的名。——卢梭原注

将一个国家的民风和它的尊崇对象加以区分是没有意义的，因为二者遵从相同的原则并且必然难解难分。在世界上所有的民族中，决定他们的喜好的不是自然而是舆论。匡正人类的舆论吧，民风自然会得到净化。人总是喜欢美的或他认为美的东西，然而正是在判断上他才犯错误，因此需要对人的判断加以修正。对民风的评判就是对荣誉的评判，而对荣誉的评判是从舆论中得出自己的标准的[253]。

人民的舆论产生自它的建制；尽管法律并不对民风作出规定，但是立法可以造就民风。立法薄弱时民风也在蜕化，但是这时，法律所力所不及的事情，监察官的判断也是做不到的。

因此，监察官制度对于保持民风是有用的，但它对于重振民风则无能为力。请在法律的效力正劲时设立监察官吧，一旦法律的力量不再，一切都无可奈何了。当法律失去了力量，一切合法的东西也都没有了力量。

监察官制度通过下列手段保持民风：阻止舆论走向败坏、通过贤明的行动来维持舆论的秉正，有时甚至在舆论尚未确定时就将其固定下来。曾在法兰西王国盛行一时的在决斗中使用助手的做法[254]，仅凭国王诏书里的几个字就被废止了：至于那些使用助手的懦夫们。这一看法是在公共的意见形成之前作出的，所以一下子就决定了公共的意见。可是当同样的诏书试图宣布决斗也是一种怯懦的行为时，虽然确实如此，但舆论的看法正好相反，公众对这一决定抱以嘲笑，因为公众对决斗的看法已经形成了。

我在别的地方说过①，公共舆论是不受限制的，因此，在象征舆论的法庭上就不能有任何对舆论的限制。我们不能过于推崇这种罗马人以高超的技巧所使用、而拉栖第梦人[255]使用得更加巧妙的方法，这一方法在近代人那里已经完全失传了。

一个品行败坏的人在斯巴达的议会上发表了一个很好的意见，监察官们未予理睬，而是让一个品行高尚的公民提出了同一建议。虽然没有褒扬或指责任何一人，这种做法对一个人是多么大的荣誉，对另一人又是多么大的耻辱啊！萨摩斯[256]的一些醉汉弄脏了监察官法庭，第二天就有公开告示，宣布允许萨摩斯人无礼。真正的惩罚也没有这种不惩罚严厉！当斯巴达宣布哪些是诚实的行为、哪些不是诚实的行为时，希腊对它的做法并不赞同。

第八章　论社会的宗教[257]

最初，人类没有王，只有神；没有政府，只有神权。人类思考问题的方式就像卡里古拉[258]一样，而他们的想法是正确的。人类在经历了感情和思想的漫长变化之后，才决定将他们的同类

① 我在本章只是提了一下我在致达朗贝尔先生的信中所详细探讨的问题。——卢梭原注

奉为主人,并且对此还颇为得意。

每个政治社会都膜拜一个神,仅从这一点就可推断出,有多少个民族就有多少个神。两个彼此隔膜的、几乎总是敌对的民族不可能长期承认同一位主人,两支厮杀的军队不可能听从同一位首领。因此,从民族的分化中就产生了多神现象,我们后面将要谈到,由此产生了本是同一性质的神学和政治的不宽容。

希腊人曾到野蛮民族中寻找他们的神,这种荒唐的想法在于他们把自己也视作这些民族的自然的统治者了。可是今天,有一种貌似博学实则可笑的观点认为,不同民族的神本为一体[259],就好像莫洛克、萨图恩、克洛诺斯可能是同一个神,就好像腓尼基人的巴尔、希腊人的宙斯和拉丁人的朱庇特可以是同一个神,就好像某些子虚乌有、名字各异的神可能具有某种共同点一样。

如果有人问:在异教时代,每个国家都有自己的崇拜和自己的神,那么为什么没有宗教战争呢?我的回答是,正是有了自己的崇拜和自己的政府,所以每个国家对它的神和法律才不加区分[260]。政治战争也是为神而战,可以这样说,国家的疆界限定了各神的范围。一个民族的神没有任何权利染指其他民族。异教徒的神不是一些嫉妒的神,他们彼此之间划分了世界的版图:摩西本人和希伯来人在谈及以色列的神时有时也是持这种观点的。当然,在他们看来,迦南人是被放逐的、注定要毁灭的民族,迦南人的神也是形同虚设的，他们应当占据迦南人的地盘。可是瞧一瞧他们是怎样谈论他们不得进攻的相邻民族的神的吧！耶弗他[261]对亚扪人说：你的神基抹所赐你的地，你不是得为业吗？耶和华我们的神在我们面前所赶出的人，我们就得他的地①。在我看来，这就等于承认基抹神的权利和以色列神的权利是相当的。

犹太人曾先后屈从于巴比伦国王和叙利亚国王，可是当他们坚持只承认他们自己的神、此外不承认其他任何神时，这种拒绝被视为对征服者的一种反抗，为他们招致了种种迫害，这些迫害在他们的史书上都有记载，在基督教之前还从未有过任何先例②。

由于每种宗教仅仅依附于规定信奉该宗教的国家的法律，所以，要使一个民族改变信仰，除了令它臣服之外，别无他法；除了征服者没有其他的传教士，并且由于改变信仰的义务是被征服者必须服从的法律，所以应当先征服，然后才谈得上让人改变信仰。人类根本不是为神而战的，而是如荷马所描写的，是神为人而战。各方都向自己的神祈求胜利，然后建立新的祭坛来还愿。罗马人在攻占一个地方之前，先是责令该地方的神放弃该地；罗

① *Nonne ea quœ possidet Chamos deus tuus tibi jure debentur*？这是拉丁文《圣经》的原文。伽利埃尔神甫翻译为：你们难道不认为有权拥有属于你们的神基抹的东西吗？我不知道这句希伯来语文本的力量，可是我从拉丁文《圣经》中看出了耶弗他对基抹神的权利是持肯定态度的，而法文译者加上了拉丁文版本中本没有的照你们看来，就削弱了这种承认的含义。——卢梭原注

② 显而易见，被称作圣战的弗凯亚人的战争根本就不是宗教战争，其目的在于惩治亵渎神灵的人而不是降伏异教徒。——卢梭原注

马人之所以让塔兰托[262]人继续信奉他们的愤怒之神，那是因为他们认为塔兰托人的神已经服从了罗马人的神，不得不向它们俯首称臣。他们把自己的神留给了战败者，也把自己的法律留给了战败者。向卡皮托利山丘[263]上的朱庇特进贡一个王冠经常是罗马人索取的唯一贡品。

随着帝国的扩张，罗马人输出着他们的崇拜和神，他们本身也经常接受被征服者的崇拜和神，同时给予各臣服国以城邦的权利。最后，这一辽阔帝国的各个民族不知不觉间有了众多的崇拜和神，并且各地几乎都是同样的崇拜和神，最后，异教在当时已知的世界上就成了唯一一种宗教了。

正是在这种形势下，耶稣来到世间，建立起一个精神王国，这一事件在把神学体系和政治体系分离开来的同时，也使国家不再是一元的了，它造成的内部分裂不断地将基督教各民族搅得动荡不安。然而，关于来世王国的新思想从未能深入异教徒的心中，他们一直把基督徒看作真正的作乱者，在他们眼中，基督徒虚伪地装出一副顺从的样子，实际上是在伺机独立做主，巧妙地篡夺他们身处弱势时装作服从的权威。这便是基督徒受到迫害的原因[264]。

异教徒所担心的终于发生了。于是，一切都变了样子，温顺的基督徒改变了语言，人们很快发现，这个所谓的来世的王国在一个可以看得见的首领[265]之下变成了这个世界上最为暴烈的专制。

然而，由于君主和世俗的法律一直是存在的，所以这两种权力不断地发生权限的冲突，这种冲突使得一切良好的政治在基督教国家再也不可能了，人们始终搞不明白到底是应当服从主人呢还是服从教士。

不过，即使在欧洲或邻近地区，也有好多民族仍想保留或恢复原来的信仰，但是未能成功。基督教精神大获全胜。对神的崇拜一直是或重新独立于主权体，与国家亦无必然联系。穆罕默德审时度势，把他的政治制度与宗教很好地结合起来，他的政府形式在其继任者哈里发的统治之下得以维系，这种政府确实是一元的，并且好就好在这里。可是阿拉伯人后来兴旺了，开化了，文明了，萎靡了，怯懦了，终于被野蛮人征服了，于是两种权力又重新开始分裂。尽管这种分裂在伊斯兰教徒中不像在基督徒中那样明显，但它是确实存在的，尤其在阿里[266]派中，在某些国家，如波斯，这种分裂还在不断地表现出来。

在我们中间，英国国王将自己立为教会首领，沙皇也是这么做的。但是他们戴上这个头衔后就变成了教会的使者而非主人，他们没有取得改变教会的权利而只是取得了维持教会的权力。他们不是教会的立法者而只是君主。不论到了哪里，只要教士构成一个团体①，他在自己的地盘上就是主人和立法者。所

① 必须指出，不是如法国的集会那种形式的集会，而是教会的圣餐仪式才将神职人员联合为一个团体，圣餐仪式和开除教籍仪式是教士的社会契约，凭借这一契约，教士就永远是人民和国王的主人。所有一起领圣餐的教士都是同胞，即使他们来自世界的两极。这种发明是一个政治杰作，在异教的教士中就没有任何类似的东西，因此他们从来就没形成一个教士团体。——卢梭原注

以英国、俄国和其他地方一样，存在着两种权力，两个主权体。

在所有的基督教作者中，哲学家霍布斯[267]是唯一看出其中弊端并开出药方的人，也只有他敢于提出将鹰的两个头合二为一，使一切回归政治一体化中，因为，没有政治的一体化，不论是国家还是政府都永远不会有良好的架构。可是他大概也看出了基督教的主宰精神与他的体系是不相容的，教士的利益永远强于国家的利益。使他的政治学显得可怕的不是里面那些可怕和虚假的东西，而是其中正确和真实的东西①。

我认为，如果从这一角度来阐述历史事实，我们就会很容易地驳斥贝尔[268]和沃伯顿[269]的两种相互对立的观点了：他们一个声称没有一种宗教对于政治实体是有用的，另一个则相反，主张基督教是政治实体最坚实的支撑。我们可以向前者证明：任何一个国家的建立都是以宗教为基础的；并向后者证明：说到底，基督教律法对于国家的强大建制来说是害处大于益处的。要最终把我的观点说清楚，只需把与我的题旨相关的几个太过模糊的宗教概念稍加说明就够了。

如果从它与社会的关系来考察宗教，不论是普遍的社会还是

① 请看格劳秀斯在一六四三年四月十一日写给他弟弟的一封信，就可知道这位博学之士对《公民论》一书赞成什么和反对什么了。确实，格劳秀斯表现出一副大度姿态，他好像原谅了作者的正确观点，却赞同了作者的错误观点。——卢梭原注

格劳秀斯写道："我读过《公民论》这篇论文。我赞同书中拥护国王的论点，但是我不能苟同作者的论点的理论基础。他认为所有人生来就处于战争状态，他所提出的其他一些东西也不符合我的原则。他竟至于主张信奉国家通过公共权威所批准的宗教是每个个人的义务，这种信奉即使不是发自内心，至少也是出于服从而信奉和遵守。——原编者注

个别的社会[270]，宗教也可以分为两类，即人的宗教和公民的宗教。第一种宗教既没有庙宇，也没有祭坛和仪式，只是对最高主宰的纯粹内心崇拜[271]和对永恒的道德义务，是彻底的福音宗教、真正的有神论，我们可以称之为自然的神圣权利[272]。另一种宗教只属于某一个国家，有本国自己的神明、保护主和守护神：它有自己的教义、仪式、法定的外在崇拜；除了唯一信仰该宗教的国家外，对于它来说，一切都是不忠的、陌生的、野蛮的，它把人的权利和义务只传播到它的祭坛所及的范围。所有原始民族的宗教都是这种情况，我们可以把这种宗教称作社会的或正面的神圣权利。

还有奇怪的第三种宗教，它给人提供两种立法、两个首领、两个祖国，也让人服从两种相互矛盾的义务，让人无法做到既是信徒又是公民。喇嘛教是这种情况，日本人的宗教是这种情况，罗马的基督教也是这种情况。我们可以把这种宗教[273]称作教士的宗教，从中产生一种叫不出名字的混合的、非社会的权利。

如果从政治角度来看待这三种宗教，它们都有自身的缺点。第三种宗教显然是不好的，再要不厌其烦地加以证明就是浪费时间了。一切破坏社会统一的东西都是没有价值的，一切使人与其自身相矛盾的制度都是没有价值的[274]。

第二种宗教既体现了对神的崇拜又体现了对法律的热爱，从这方面看，它是好的。它使祖国成为公民热爱的对象，使公民懂得为国家服务就是为国家的守护神服务。这是一种神权制，除了君主，它不应再有其他教主，除了行政官也不应再有其他教士。所以为国赴死就是殉教，违反法律就是不敬，让罪犯受到千夫所指就是让他接受神威的惩罚：该死。

可是，由于这种宗教是建立在谬误和谎言的基础上的，它欺骗人，使人轻信、迷信，将真正的对神的崇拜变为繁复无比的无聊的仪式，从这一点看，它是不好的。它的坏处还在于，它会变得唯我独尊和专横暴虐，使人民也嗜血成性、冷酷无情，以至于该宗教弥漫着一股腾腾杀气。谁不接受它的神，谁就招致杀身之祸，而它还以为它做了神圣的事情。它使一个民族与所有其他民族处于一种自然的战争状态，从而也危害到自身的安全。

剩下的就是人的宗教或基督教了。不是今天的基督教，而是福音书上的基督教，二者是截然不同的。通过这一神圣的、崇高的、真正的宗教，人作为同一个上帝的子民，皆互为兄弟，人所凝聚而成的社会即使灭亡也不会解体的。

然而，这种宗教与政治体没有任何特别的关系，它给予法律的力量只是法律从其自身获得的力量，它并不能给法律增添任何力量。这样，特殊社会的重要纽带之一就无从发挥它的影响了。还不止于此，它远不是使公民心系国家，而是使公民超然于国家，也超然于世间的一切。据我所知，没有比这种宗教更背离社会精神的了[275]。

有人会说，一个由真正基督徒组成的民族是可以想象出来的最完美的社会。而我从这一假设中只看到一个巨大的难题，那就是一个由真正基督徒构成的社会将不再是人的社会了[276]。

我甚至说，这种假定的社会即使完美，它也不会成为最强大、最持久的社会。正因为它的完美，所以它缺乏凝聚力，导致它毁灭的恰恰是它的完美。

在这样的社会中，每个人履行自己的义务，人民遵守法律，首领公正而温逊，行政官正直而廉洁，士兵蔑视死亡，既没有虚荣也没有奢侈。所有这一切都很好，可是让我们接着往下看。

基督教是一种精神至上的宗教，它只关心天上的东西，基督徒的祖国不在尘世中。当然基督徒也在尽义务，可是他尽义务时对自己努力的成败完全漠不关心。只要他没有什么可以自责的，世间的一切变好或变坏对他来说都无关紧要。如果国运昌盛，他几乎不敢享受公共的喜悦，他担心自己会因为国家的光荣而骄傲；如果国运衰落，他就祈祷重压于人民头上的上帝之手开恩。

为了使社会安宁，保持和谐，所有公民必须无一例外地同为好的基督徒。可是，如果公民中不幸出现了哪怕一个野心家，一个伪君子，一个喀提林或一个克伦威尔，这个人定将他的那些虔诚的同胞玩于股掌之上。基督教的仁慈不许人随便地去想邻人的坏处。一旦他通过某种计谋找到了欺骗同胞、获取部分公共权威的方法，他就摇身一变，成为正人君子，上帝要人们尊敬他；很快他就权力在手，上帝要人们服从他。如果该权力的受托者滥用权力呢？那他就是上帝惩罚他的子民的笞杖。真要把篡权者赶下台,人们还是会有所顾虑的:那样就会扰乱公共的安宁,就要使用暴力,就要流血,这一切都是与基督徒的仁慈不相符合的。总之,在这个苦难深重的深渊里,一个人是自由之身还是奴隶之身又有什么要紧?重要的是能够进天堂,逆来顺受只是进入天堂的又一种方法。

如果发生了对外战争呢?公民将义无反顾地投入战斗,谁也不会想到逃跑,他们在尽义务,但是对于胜利并无渴望,他们能够赴死却不关心是否取胜。他们是取胜还是失败又有什么要紧?上帝不是比他们更知道他们该怎么做吗?请想一想,一个狂妄、凶猛、士气高昂的敌人从他们的隐忍中获得多么大的好处吧!如果让他们与那些对荣誉和祖国满腔热爱的勇敢民族对垒,如果让你们的基督教共和国与斯巴达或罗马对垒,那些虔诚的基督徒还来不及反应就被打得落花流水、一败涂地、灰飞烟灭了,或者只是靠着敌人对他们的蔑视才能躲过一劫。法比乌斯[277]的士兵的誓言颇合我的心意,他们并不发誓赴死或取胜,而是发誓要凯旋,而且他们也实现了他们的誓言。基督徒就从来不会这么做,他们认为这样做是在试探上帝。

可是我的“一个基督教共和国”的说法本身就是错误的,这两个词是相互排斥的。基督教只宣扬奴役和依附,它的精神对于暴政真是太有利了,所以暴政不会总是对它不加利用的。真正的基督徒都是天生的奴隶[278],他们也知道这一点,所以他们对此没有怨言,在他们眼中,人的短暂一生几乎一钱不值。

有人说，基督教的军队是优秀的军队。我不承认。请告诉我哪儿有这样的军队。至于我，我从来就不知道有基督教的军队。有人会举十字军的例子。先不争论十字军的英勇，我要指出的是，他们远不是什么基督徒，而是教士的士兵，教会的公民，他们是在为教会的精神国家而战，教会也不知通过什么手段把这个精神国家变成了世俗的了。如果领会了这一点，它就属于异教问题了。由于福音书建立的不是一种国家的宗教，所以基督徒之间的一切圣战都是站不住脚的。

那些异教皇帝率领的基督教士兵是勇敢的，所有的基督教作者都肯定了这一点，我对此也深信不疑：因为士兵们是在与异教军队竞争荣誉。一旦皇帝做了基督徒，这种竞争便不存在了。当十字架驱逐了鹰饰，罗马人的骁勇便消失了。

然而，让我们先把政治的考虑置于一边，再回到权利的问题上来，让我们把这一重要问题的原则确定下来。我已经说过[279]，社会契约所赋予的主权体对臣民的权利绝不能超出公共利益的范围①。所以，只有当臣民的意见对于共同体来说至关重要时，他们才需要向主权体汇报。对于国家来说，十分重要的一点就是每个公民都应信奉一种能够使其热爱自己的义务的宗教。可是，只有当这种宗教的信条宣扬的是信仰者对他人应尽的道德和义务

① 阿让松侯爵说："在共和国中，只要不损害别人，每个人都是完全自由的。"这个界限亘古不变，它表述得再确切不过了。尽管这部手稿不为公众所知，我有时还是忍不住援引它，以向这位杰出而又可敬之人表达敬意。他甚至入阁后一直保持着一个真正公民的心灵，对于他的国家的政府也一直坚持一种正确而有益的观点。——卢梭原注

时，这些信条才与国家及其成员有关[280]。除此之外，每个人都可以有自己的意见，而主权体无需过问。因为主权体是管不着来世的，只要臣民在此生做好公民，不论他来生的命运如何，这已经不是主权体的事情了。

所以有一种纯粹社会的信仰告白，它的条款应由主权体来制定，它们不是像宗教信条那样的条款，而是像社会性的感情那样的条款，如果没有这些条款，一个人就无法做一个好公民，也无法做一个忠实的臣民①。主权体虽不能强迫任何人信仰这些条款[281]，但可以将不信仰这些条款的人赶出国家。把他赶出去不是因为他的不信，而是因为他是违反社会的，因为他不能真诚地热爱法律和公义，不能在需要时为义务而献出生命[282]。如果一个人公开承认了这些信条，而在行为上却好像不信这些信条，那就将他处死[283]，因为他犯了罪中之最，他在法律面前撒了谎。

社会的宗教信条应当简单明了[284]、表述准确、无需解释或说明。强大、智慧、慈悲、远见和全能的上帝的存在、来世的生活、义人的幸福、恶人的报应、社会契约和法律的神圣，这些是正面的信条[285]。至于负面的信条[286]，我只提一条，那就是不宽容，它属于我们所排斥的崇拜。

我认为，那些将社会的不宽容和神学的不宽容进行区分的人

---

① 恺撒在为喀提林辩护时，试图确立灵魂有死的信条，卡图和西塞罗没有用哲学逻辑来驳斥他。他们只是指出恺撒的辩护不像是出自一个好公民之口，他提出的观点是于国有害的。事实上，罗马的元老院应当对这个不是神学问题的案件作出裁决。——卢梭原注

是错误的[287]，这两种不宽容是不可分的。和那些被认为该入地狱的人平安相处是不可能的，爱他们就是恨惩罚他们的上帝，一定要挽救他们，否则就惩罚他们。不论在哪里，只要容许神学的不宽容，它就不能不产生某种社会后果①。一旦产生了这种后果，主权体就不复为主权体了，即使在世俗方面。从这时起，教士就成为真正的主人，国王只是他们的官员。

现在已经不再有、也不能再有排外的国家宗教了，所以，凡是能够容忍其他宗教的宗教，我们就应当容忍它，只要它的信条没有任何违背公民义务之处。可是，谁要是敢说"没有教会就没有得救"，除非国家就是教会、君主就是教主，否则他应当被赶出国家。这样的信条只有在神权政府中才是好的，在其他政府中就是有害的。人们所说的亨利四世拥护罗马宗教所依据的理由，本应使一切正直的人都脱离罗马宗教，尤其是那些会思考的君主[288]。

---

① 例如，婚姻就是一种社会契约，就会产生社会后果，没有这些后果，社会甚至无以为继。假设教士把订立婚约的权利掌握在自己手中，在一切不宽容的宗教中，教士必定会攫取这种权利的，他在趁机强化教会的权威的同时，也使君主的权威有名无实。于是，除了教士愿意留给他的臣民外，君主便不再有其他臣民了。这不是很显然的吗？根据人们信奉或不信奉这样或那样的教义，根据人们接受或拒绝这样或那样的规矩，根据人们对他的忠诚程度如何，教士决定着别人结婚或不结婚，做得既谨慎又坚决；他独自支配着继承、职位、公民，甚至国家，这时国家只是由见风使舵的人组成了，是维持不下去的。这不是很清楚的吗？然而，有人会说，可以以滥用权力之名控告教士，传唤他们，命令他们，禁止他们介入世俗事务。可悲啊！教士，只要他稍有一点见识，我且不说勇气，别人爱怎么做就怎么做，他照样我行我素的。他面无愧色地让人们去控告，去传唤，去命令，去禁止，他最终仍然是主人。在我看来，当一个人有把握夺得全部时，放弃部分利益也不是一种巨大的牺牲。——卢梭原注

当这条关于婚姻的注释已经付诸印刷时，卢梭突然决定删除这条注释。为了遵照卢梭的指示，出版商雷伊重新印刷，并改动了《社会契约论》最后几页的编排。然而，为数不多的旧版仍保留了初次印刷时的这条注释，一七六二年的大部分盗版中均翻印了这条注释。从卢梭与雷伊的通信中可以看出，卢梭先后写了两条关于婚姻的注释，但最后哪一条都不想保留。——原编者注

第九章　结　论[289]

在提出了政治权利的真正原则，并努力在政治权利的基础上建立了国家之后，剩下要做的就是通过对外关系来巩固国家，这指的是国际公法，即贸易；战争法和征服；公法或同盟、谈判、条约等[290]。可是这一切对于我短浅的见识来说是一个太过庞大的新对象，我还是把我的见识限定在力所能及的范围内吧。

原编者注和译注

[1] 卢梭这里所说的著作指的是《政治制度论》。一七六二年一月十八日,卢梭在给友人穆尔图的信中写道:“我要告诉你,我的一本小书正在荷兰印刷,书名为《社会契约论或政治权利的原则》,它是一本题为《政治制度论》的长篇著作的节选,这部著作是我十年前动笔的,在我封笔时就放弃了,何况这项事业毫无疑问是超出了我的能力的。”

[2] 在本书的日内瓦手稿第一卷第一章中,卢梭写道:“这里所谈的不是这一团体(即政治团体)的行政,而是它的建制。”“行政法则”一语,重点不在“行政”,而是在于可以作为“法则”的东西,即“公意”,它是“政府的基本法则”(《政治经济学》)。参见日内瓦手稿第一卷第六章开头:“如果说共同利益是结合体的目标,那么显然,公意应当成为政治体的行为法则。”

[3] 自由国度,指日内瓦共和国。

[4]“主权体”在这里应作两种理解:从一般意义上看,它指的是日内

瓦人民；从具体意义上看，它指的是与日内瓦共和国小议会（petit conseil）相对而言的全民议会（conseil général）。对于第一层意思，参看《论人类不平等的起源和基础》的献词："我希望出生在这样一个国家，那里主权体和人民的利益是合一的和相同的，这样，国家这部机器的所有运动永远只能以共同的幸福为目的；只有当人民和主权体为一体时才可能做到这一点。所以，我希望出生在一个民主的、贤明温和的政府治下。"对于第二层意思，参看《山中来信》书信七："日内瓦全民议会既不是任何人建立的，也不代表任何人，它自动成为主权体，是赋予其他一切以生命和力量的活的和基本的法律，它只知道自己的权利。全民议会不是国家的一个序列，它就是国家。"

[5]参见本书第四卷第二章："所有人都是生而自由的和自主的，任何人，不论以何种借口，都不能不经他的同意就奴役他。"卢梭的人"生来是自由的"这句名言是对博须埃的一种驳斥，后者宣称"人生来都是臣民"（《来自圣经的政治》第二卷第七条）。人的天赋自由的概念是卢梭及大多数自然法学派理论家的共同主张。普芬道夫在《自然法与国际法》中指出，这一主张可以追溯到罗马的法学家。而卢梭的独创之处在于他主张这种天赋的自由是不可转让的，任何人，不论以何种借口，都无权放弃自己的自由。"放弃自己的自由，就是放弃自己作为人的资格，就是放弃做人的权利甚至放弃自己的义务。"（本书第一卷第四章）卢梭的这句名言被写入了《人权宣言》第一条："人生来是自由的，在权利上是平等的。"

[6]沃恩（Vaughan）指出，卢梭在这句话里毫无过渡地从自然的自由谈到了纯粹抽象意义上的奴役。参见《爱弥儿》第二卷第一节："当主宰

取决于舆论的时候,其本身就是受奴役的,因为你用偏见来统治别人,而你恰恰受这些人的偏见所左右。”也可参见《山中来信》书信八:“自由不在于按照自己的意志行事,而在于不屈从于别人的意志,还在于不使别人的意志屈从于我们的意志。身为主人的人是不会自由的,统治就是服从。”

[7]家庭也是唯一不以契约为基础的社会形式。根据日内瓦手稿第一卷第五章,父亲对子女拥有一种“自然的权威”,因为保护子女是父亲的天职,但是当子女不再弱小、不再需要父亲时,父亲便不再享有这种权威。

[8]这段话的主要论点出自洛克的《政府论》第五章“论父权”:“子女的从属关系类似于他们的襁褓和他们最早的衣服,这些东西只是因为他们年幼弱小才是他们所必需的,随着年龄的增长,他们走向成熟,他们将摆脱这种束缚,取得自己自由的支配权。”(第四节)“父亲支配子女的权利只能维持一段时间(……),当子女到达懂事的年龄,父亲对他们的自由便不再拥有任何权利。这时父亲的权威宣告结束,父亲不能支配子女的自由,正如他不能支配任何别人的自由一样。”(第十四节)

[9]参见洛克《政府论》第五章第二十三节:“显然,父亲统治的确立得到了子女的或明确、或默许的同意,他可以凭借这种同意继续不断地统治着。父亲在家中一个人行使着每个自由人与生俱来的执行自然法律的权力,如果当初允许的话,他就拥有君王的权力了,当然没有比这种统治更为合适的了。可是,正如我们所看到的,这绝不是建立在任何父亲权力的基础上,而仅仅是建立在子女同意的基础上的。”

[10]参见让·博丹(Jean Bodin)《共和国论》第一卷第二章:“因此,

操持得好的家庭就是共和国的缩影,持家的权力类似于统治的权力,共和国真正的治理模型就是持家的有方。”其实,卢梭在这里意在批判将君权等同于父权的君主派观点。对这一观点的阐述和批判,参见《论人类不平等的起源和基础》,尤其是日内瓦手稿第一卷第五章。

[11] 格劳秀斯(Grotius,1583—1645),荷兰著名政治家、法学家、神学家和人文主义者,古典自然法学派的代表。主要著作有《战争与和平法》、《海上自由论》等。

[12] 见格劳秀斯《战争与和平法》第一卷第三章:“一切权力都是为了被统治者的利益而建立的,这在一般情况下绝对是错误的。有些权力的建立是为了统治者的利益,如主人对奴隶的权力。”

[13] 霍布斯(Hobbes,1588—1679),英国唯物主义哲学家、政治思想家、古典自然法学派代表之一,代表作为《利维坦》。

卢梭在此将格劳秀斯和霍布斯都列为专制主义的鼓吹者。霍布斯认为君主政体是最好的政体,因为国王的利益和臣民的利益是统一的,卢梭在本书第三卷第六章对此观点大加鞭挞。

[14] 在纳沙泰尔手稿 7842 的一个片段(第三十六号)中,这段话还有另一个版本:“卡里古拉说,既然领导羊群的不是牲畜而是人,所以那些治理人民的人也必定不是普通的人,而是神。卡里古拉说的是对的。牲畜只能把自己的意志置于一个人的意志之下。费龙《出使记》。”

[15] 费龙(Philon,约前 20—45),犹太人出身的希腊哲学家,曾试图将圣经教义与希腊化思想(柏拉图主义、斯多葛主义)相结合。

[16] 亚里士多德《政治论》第一卷第二章 1252a:“人类为了相互保护,需要一些人生来就是发号施令的,其他人生来就是服从的。因为那

些思维敏锐的人可以高瞻远瞩，他们生来就是发号施令的；那些身体强健的人可以执行前者的命令，他们生来就是服从、做奴隶的。所以主人和奴隶都可以做到各得其所。”

[17] 挪亚（Noé），《圣经·创世记》所载洪水之灾的幸存者。挪亚的三个儿子即闪、含和雅弗，洪水以后，他们都繁衍了后代，各随各的方言、宗族立国。

[18] 这里暗指英国君权神授学说代表人物罗伯特·菲尔默的《父权政治，或君主的自然权力》中的观点。

[19] 该观点取自《圣经·罗马书》第十三章。圣徒保罗告诫世人：“没有权柄不是出于神的。凡掌权的都是神所命的。所以抗拒掌权的就是抗拒神的命；抗拒的必自取刑罚。做官的原不是叫行善的惧怕，乃是叫作恶的惧怕。”卢梭之所以在此指责保罗的这句关于君权神授的准则，是因为它曾作为主张“被动服从”的人们，尤其是博须埃的论据（《来自圣经的政治》第六卷第二条“论对君主的服从”。参见本书第三卷第六章最后一段）。

[20] 见格劳秀斯《战争与和平法》第一卷第三章第八节：“古代希伯来法律和罗马法律都规定，每个个人都可以成为自己所喜欢的主人的奴隶；那么为什么一个自由的民族就不能服从某个或某几个人，从而把统治这个民族的权利全部移交给他们而不留有任何权利呢？”

[21] 格劳秀斯和普芬道夫都认为人为了生计可以自愿放弃自由而去做奴隶。格劳秀斯说：“所谓彻底的奴役，就是终生服务于一个主人，主人应向奴隶提供食物和其他生活所需。这种约定的、包含于自然界限的隶属关系本身绝不会使人难以忍受，因为奴隶虽有终身服务主人的

义务,但他由此获得了生活的保障,义务和好处相抵了。而那些拿日薪的短工大部分时间内是不知何以为生的,所以他们经常想找一个可以寄身的人,不图其他报酬,只求糊口和维生之需。正如古代一位喜剧诗人所描述,我们甚至见过这样一些奴隶,他们在逃跑之后又自动地回到了原来的栖身之地。"(《战争与和平法》第二卷第五章第二十七节)普芬道夫甚至认为这种用自由换生计的自愿奴役是奴隶制的起源:"奴役起源于自愿的同意,而不是战争的权利,尽管战争使仆从或奴隶的数量大为增加,使他们的命运悲惨至极,总之造就了真正的奴隶制……我认为奴隶制最初就是这样确立的:当人类繁衍、人们开始倦于早期的简朴状态并开始追求生活的舒适和积累多余财富时,那些较为有钱有头脑的人很可能会雇用那些粗俗而愚笨之人为他们工作,付给他们一定的报酬。后来,这种方式对于双方都很合适,于是有些人不由自主地决定永远寄身于某个人家,条件是此人为他们提供食物及其他一切生活必需品。因此,奴隶制起初是通过当事双方自由的同意和某种契约而确立的,为的是获得'我做,你来给'或'我给,你来做'的权利。"(《自然法和公法》第六卷第三章第四节和第五节)这一自愿奴役的观念遭到了孟德斯鸠的激烈批判:"说一个自由的人可以卖身是讲不通的。出卖就得有价钱:奴隶在把自己卖出时,他所有的财产都归主人所有,主人却不付任何东西,奴隶一无所获。或许有人说,奴隶将获得一笔积蓄,可是积蓄是附属于人身的。如果说自杀是不被允许的,因为那样会逃避对祖国的责任,那么出卖自己也不是不被允许的。每个公民的自由都是公共自由的一部分。公民资格在民主制国家甚至是主权的一部分。出卖自己的公民资格是一种令人不可思议的荒唐的行为,我们不能想象一个人会做出这种事来。如果说自由对于购买它的人来说具有某种价钱，对于出卖它的人来说则是无价的。民法允许人分割财产，却不曾将一部分分割财产的人划归财产之列。如果民法允许解除包含着某种损害的契约，那么它更要允许解除包含着最严重损害的协议。”(《论法的精神》第十五卷第二章)孟德斯鸠所说的“出卖自己的公民资格”，在卢梭笔下成为“放弃自己作为人的资格”。孟德斯鸠依据的是民法，卢梭依据的则是自然法。孟德斯鸠强调公民的义务，卢梭则强调人的权利。

[22]霍布斯认为，公民社会以公民的和平为目的。卢梭则认为，自由是一种比和平更加宝贵的财富。参见本书第三卷第九章卢梭原注：“真正使人类得以繁荣的，是自由而不是和平。”

[23]该典故出自荷马史诗《奥德赛》。奥德修斯在回家途中遇到独眼巨人库克罗普斯，库克罗普斯先把奥德修斯的同伴一个个吞食，并准备把奥德修斯留在最后享用。但奥德修斯机智地把巨人灌醉，用尖木棒刺瞎他的独眼而逃脱。

参见洛克《政府论》第十八章：“大人物与小人物、强者与弱者之间的这种和平类似于人们所声称的羔羊乖乖地任凭狼撕扯吞食时的狼与羊之间的和平。或者，打个更恰当的比方，波利菲姆斯的山洞就是这种和平的绝妙写照。尤利西斯和他的同伴们所服从的统治是世界上最好的统治，他们除了不安地等待被吞食的结局，毫无任何办法！”

[24]参见《论人类不平等的起源和基础》：“即使人们能像转让财产那样转让自己的自由，对子女来说，这两者之间的区别也是很大的。子女享受父亲的财产，只是父亲的权利发生了转移；而自由乃是他们以人的资格从自然方面所获得的馈赠。父母没有任何权利将其剥夺。所

以，为了建立奴隶制，就必须违犯自然，同样地，为了使这种权利永存下去，就必须变更自然。宣布奴隶的孩子生来为奴的法学家们等于换了一种说法，即人生下来就不是人。”

[25]指霍布斯和普芬道夫。

[26]强调奴役的契约源自战争权利的不是格劳秀斯，而是霍布斯。参见《公民论》第八章“论主人对奴隶的权利”：“若要支配一个人，其方式不外乎三种（……）第二种（……）就是当一个人成为战俘或被敌人打败或不相信自己的力量，为了保全性命甘愿为胜利者效劳，即甘愿做最强者命他做的一切事情。在此协议中，战败者或弱者获得的好处就是他的性命，而根据战争权利，在人的自然状态中，胜利者本可以剥夺他的生命；而他所答应给胜利者的好处则是他的听命和服从。所以，根据该契约，在不违反神的法律的条件下，战败者应对胜利者尽心效劳，唯命是从。”

[27]卢梭在这里批判的是霍布斯“每个人对所有人天然为敌的疯狂体系”的论点。关于霍布斯的论点，参见《公民论》第一章“论公民社会之外的人的状态”和《利维坦》第十三章“论关乎人类幸福和不幸的自然状态”。

[28]在中世纪法国，封建领主之间经常爆发私人冲突和战争，给社会造成巨大破坏。于是，十至十一世纪，教会以上帝之名倡导和平，旨在保护教士等非战斗人员及其财产，尤其是限制和约束私人战争等暴力行为。

[29]参见本书第三卷第十五章：“代表的概念是近代才有的，它来自封建政府，这种无道而又荒谬的政府，这种政府治下的人类是堕落的，

‘人’这个词就是一种侮辱。”

[30]在一七八二年的版本中,“公民”一词后面增添了如下说明(纳沙泰尔手稿7842,第五十二号):“罗马人比世界上任何民族都懂得也更尊重战争的权利,他们在这方面做事十分谨慎,以至于如果一个公民没有明确地表示抗击敌人,甚至指名要抗击某个敌人,那么他是不能当志愿兵的。小卡图曾在波比里乌斯手下的一个军团初立战功,该军团改制后,老卡图写信给波比里乌斯,说如果他还想让他的儿子继续在其手下效力,就必须让他重新进行宣誓,因为原来的誓言已经作废,他不能再拿起武器与原来的敌人作战。老卡图还给儿子写信,让他在进行新的宣誓之前不要参加战斗。我知道人们会拿克鲁齐奥姆之围或其他一些具体事例来反驳我,但我援引的是法律,是习惯。罗马人最少违犯自己的法律,也只有他们曾经有过如此好的法律。”

[31]参见孟德斯鸠《论法的精神》第十卷第三章“论征服权”:“我们的公法学者们(……)是随便下结论的,他们假设征服者有杀人的权利,这样他们就把由此得出的可怕结论作为了原则,还制定了一些准则,而征服者自己哪怕有一点理性,也绝不会遵守这样的准则。显然,征服完毕之后,征服者就不再有杀人的权利,因为他不再处于自然的防御状态,也用不着保护自己了。公法学者们之所以这样想,是因为他们认为征服者既有摧毁社会的权利,所以他们便得出结论说征服者也有摧毁组成社会的人的权利。这是从一个错误的原则得出的错误结论。因为社会的消灭并不意味着组成社会的人也应被消灭。社会是人的结合,而不是一个一个的人;公民可以灭亡,而人则应存在下去。”

[32]卢梭在这里讽刺的是格劳秀斯,因为他喜欢在著作中引用古代

诗人。但格劳秀斯对此有明确意识,说他引用诗人是为了说明自己的思想,而不是将他们视作权威:"诗人和演说家的名言没有(历史学家的观点一样的)权威。我们援引诗人的话经常是为了装点或说明我们的思想,而不是为了支持他们的观点。"(《战争与和平法》前言第四十八节)

[33]参见孟德斯鸠《论法的精神》第十五卷第二章:"公法允许把俘虏变为奴隶,这样他们就不会被杀死了(……)法学家们的这些理由是站不住脚的。除非在迫不得已的情况下,否则,在战争中允许杀人这句话是错误的;可是一旦一个人将另一个人变成了奴隶,我们就不能说他曾有杀死他的必要,因为他并没有这么做。战争对于战俘的所有权利,就是有效监督他们的人身,使他们不能再伤害人。在狂热的战斗之后,士兵再冷静地去杀人这种行为已被世界各民族所唾弃。"

[34]真正的结合体是以全民的同意为前提的,而集合体的成员之间除了被奴役这一共同点之外,并无其他关系。

[35]参见日内瓦手稿第一卷第五章:"事实上,这也是社会状态的真正特点:人民是独立于其首领的人民,如果君主发生不测,臣民之间仍然存在着某些联系,从而将他们维系为国家实体。在暴君制的原则中绝不会存在相同的东西。一旦暴君不在了,一切分崩离析,灰飞烟灭,如同一棵橡树,大火在将其吞噬后熄灭下来,橡树只剩下一堆灰烬。"

[36]卢梭在这里影射的是普芬道夫在《自然法和公法》第七卷第二章中所阐述的两个契约(即结合的契约[pacte d'association]和服从的契约[pacte de soumission])的理论。卢梭在这里避免使用"契约"(pacte)和"契约"(contrat),而是用"行为"(acte)一词来指称人民之为人民的结

合的行为(acte d' association)和(后来)人民选举国王的行为(见本书第三卷第十七章)。卢梭在这里的意图是明显的。在卢梭看来,只有结合的行为才是契约:"国家只有一种契约,这就是结合的契约,有了这一契约,就排除了其他任何契约。"(本书第三卷第十六章)

[37]参见本书第四卷第二章:"只有一种法律从其本质来说需要全体一致同意,这就是社会契约,因为社会的结合是世界上最自愿的行为。"另见《波兰政府论》第九章:"根据社会的自然权利,政治体的组成需要经全体一致的同意。"

[38]即《论人类不平等的起源和基础》中所说的:"初生的社会让位于最可怕的战争状态。"卢梭和霍布斯都认为,战争状态使得政府和法律的出现成为必要,以保全人类。但二人的不同在于,卢梭拒绝把战争状态等同于自然状态。卢梭认为,战争状态不是人类的原始状态,而是社会生活造成的,是社会生活的后果:"霍布斯的错误不在于在独立的、后来变得社会性的人类之间设想了战争状态,而在于认为战争状态是人类的自然状态,并将其作为罪恶的原因,而它其实是这些罪恶的后果。"(日内瓦手稿第一卷第二章)

[39]在卢梭对社会契约问题的表述中,保障个人自由成为契约有效性的条件,这与第四章那句"放弃自己的自由,就是放弃自己作为人的资格"的名言是一致的。社会契约不仅是一种自由同意加入的约定,而且不应包含转让自由的条款。显然,需要搞清楚的问题是,卢梭的思想体系是否切实地为个人自由提供了足够的保障。但是,至少卢梭认为,社会契约的目的恰恰是让人组成结合体又不放弃自由,否则就有悖于人性。所以卢梭还说:"我们应证明社会契约是适合人类的,根本不违

背自然法则。”(《山中来信》书信六)

[40]根据日内瓦手稿第一卷第五章开头,如果说社会契约在权利上是放之四海而皆准的,但在实际中并没有这样一种方法:“将人集中起来的方法有千百种,但只有一种方法才能使人结合。所以我在本书中所给出的只是组成政治社会的方法,尽管在现有名称之下的众多集合体中,或许没有哪两个是按照同样的方式组成的,没有哪一个是按照我所确立的方式组成的。然而我探求的是权利和理性,而不是争论事实。”

[41]参见本书第三卷第十章:“从政府篡取主权的那一刻起,社会契约就被破坏,所有的普通公民理所当然地回到了他们自然的自由状态,他们被迫服从,而不是将服从视作义务。”

[42]一些人,如沃恩,正是根据这句话将卢梭的学说视为个人为国家而牺牲的“极端形式的集体主义”。但是个人在做出这种“转让”之后,也以另一种形式恢复了他起初好像永远放弃的权利。参见本书第二卷第四章末段:“在社会契约中个人会有真正所失的说法就不能成立了;社会契约使得个人境况确确实实好于从前,人们没有让出什么,只是做了一桩于己有利的交换,用一种不确定、不稳定的境况换来了一种更好、更可靠的境况,用自然的独立换来了自由,用损害他人的能力换来了自身的安宁,用他们的有可能被别人战胜的力量换来了社会联合所带来的不可战胜的权利。”

[43]如果没有社会契约在所有公民间所建立的这种平等,那么显然,政治权威在行使时可能会对一些人带来好处,而对另一些人带来损害,正如在大部分社会中,法律所保护的是强者,损害的是弱者,或保护的

是富人，损害的是穷人。相反，如果条件对所有的人都是平等的，那么任何人都不想将这种条件变为他人的负担，因为这同时也成为他自己的负担。在公民中平等地分配负担保证了这些负担降至最小值，这样公民为公共利益做出的只是必不可少的牺牲。所以卢梭在《山中来信》书信八中说："一切由所有人强加给每个人的条件都不能成为任何人的负担。"本书第二卷第四章对此作了详细说明。

[44]完全的转让绝不意味着服从别人的意志，也不意味着放弃自由。社会契约的结果是将每个人置于"公意的最高领导之下"，而且公意也是每个人的意志。所以每个人"在与所有人结合时"所服从的只是他自己，并且"和从前一样自由"。在《爱弥儿》第五卷中，卢梭在分析社会契约时写道："由于个人只服从主权体，主权权威只是公意，我们由此看出何以每个人在服从主权体时同时也是在服从他自己，何以在社会契约中人们要比在自然状态更加自由。"

[45]在日内瓦手稿第一卷第三章中，此处为"作为整体之不可转让的一部分"。

[46]所谓"抽象"(moral)的团体，就是政治体，卢梭又称之为"抽象的存在"或"理性的存在"，它只有在其成员结合为共同体的情况下才存在。卢梭在对"战争状态"的论述中指出："什么是公共人格？我则回答道：它是社会契约所赋之以生命的、人们称之为主权体的抽象的存在……说到底，由于政治体只是一个观念的人，所以它只是一个理性的存在。如果废除了公共协议，国家则顷刻瓦解，而组成国家的东西却没有任何改变；人类的一切协议永远不能使事物的物理性质发生任何变化。"

[47]“结合的行为”在日内瓦手稿中作“原始联邦的行为”。

[48]参见本书第二卷第十二章：“不管怎样，人民总是可以做主改变自己的法律，即使是最好的法律。”和第三卷第十八章：“我这里暗含的是我认为已经证明了的道理，即国家之中没有任何不能废除的基本法，甚至社会契约也是如此。”但卢梭在《爱弥儿》第五卷论述“社会契约”时又写道：“除了社会契约之外，便没有也不可能有其他真正的基本法了。”这些论述表明：主权是不受任何体制的限制的，主权体在任何时刻都可以改变自己的意志和法律，所以便没有他一定要严格遵守的基本法，甚至政府形式。正是这一主张使《社会契约论》在日内瓦遭到批判，被视为“一切政府的破坏者”。

[49]参见本书第二卷第四章：“主权体永远无权对某个臣民比另一臣民多施加负担。”和《爱弥儿》第五卷中对本章的概括：“我们认为，按照社会契约，主权体是只能够根据共同的和普遍的意志行事的，它的行为只能是为了共同的和普遍的目的；因此，主权体是不可能直接损害个人的，受损的是所有的人，但这种情况是不会发生的，因为这等于是自讨其苦。”但这并不排除主权体和个人一样可能在“不愿意也不知道的情况下”损害自己。卢梭不愿意承认这一点，因为卢梭拒绝接受公意会犯错误，在他看来，公意永远是不可改变的和纯粹的（本书第四卷第一章），永远不会犯错误的（第二卷第三章）。但至少有一次，卢梭承认人民也可能损害自己：“何况，不管怎样，人民总是可以做主改变自己的法律，即使是最好的法律。如果人民乐于损害自己，那么谁还有权不让它这么做呢？”（本书第二卷第十二章）。

[50]参见本书第三卷第二章。

[51]卢梭写作《社会契约论》的一个重要目的就是使公民摆脱一切个别的或个人的依附关系，不服从于他人的意志。《论人类不平等的起源和基础》中写道："在人与人之间的关系中，可能发生的最坏的一种就是一个人被另一个人摆布。"在《爱弥儿》（第二卷第一节）中，卢梭试图通过使所有人都服从法律的权威来结束人对人的依附关系："有两种依附：一种是物的依附，这是属于自然性质的；另一种是人的依附，这是属于社会性质的。物的依附没有道德性，因此不损害自由，不产生罪恶；而人的依附则非常混乱，因此罪恶丛生，它使主人和奴隶都互相败坏了。如果说有什么方法可以医治社会中的这个弊病的话，那就是要用法律来代替人，要用那高于任何私意行动的真正力量来武装公意。如果国家的法律也像自然的法则那样刚性，任何人的力量都奈何不得，则人的依附又可以变成物的依附；所有自然状态和社会状态的好处在共和国中都可以兼得，使人免于罪恶的自由和培养节操的道德互相结合。"卢梭认为，人与人之间的关系总是随意的，最后总是有利于最强者。因此，为了维持社会的公正和平等，应当用公民服从法律的基本关系来代替这种人与人的依附关系。参见本书第二卷第十二章："第二种关系是成员之间以及成员与整个团体的关系，这种比例对于前者来说应当尽可能小，对于后者来说应当尽可能大，以至于每个公民完全独立于其他公民而极为依附城邦。这种结果总是通过同样的方式来实现，因为只有国家的力量才能为其成员带来自由。"

[52]卢梭反复指出，只要人类还生活于自然状态，那么他就只有本能，甚至只有生理的本能："在自然的支配下，野蛮人仅只服从于他的本能。""人仅凭他的本能便已拥有他生活于自然状态所需要的一切，在培

养出理性之后,人才有生活于社会状态所需要的东西。”(《论人类不平等的起源和基础》)

[53]“啊,爱弥儿,哪个好人没有受到他生活的地方的影响呢?不管是谁,他作为人的最宝贵的东西都是来自于他生活的地方,这些地方培养了他的行为的道德性和对德行的爱。”(《爱弥儿》第五卷)“不管人类结合为社会是出于某种自然的本性,还是相互的需要迫使他们结合为社会,可以肯定的是,他们的德行和恶习,从某种程度上说,他们全部的道德存在都产生于此。在没有社会的地方,也不可能存在正义、仁慈、人道、慷慨、谦虚,尤其是所有这些美德的美德,我指的是在充斥了与这些美德相反的恶习的人间身体力行这些美德所要付出的代价。”(《政治学片段》)卢梭始终认为道德性、正义和美德是随着社会生活而出现的,因为它们意味着人与人之间存在经常的关系。在自然状态中,人们分散居住,彼此之间没有联系也没有交往,所以这些美德是多余的。“最初,在自然状态中的人类彼此间似乎没有任何道德上的关系,也没有公认的义务,所以他们既不可能是善的也不可能是恶的,既没有恶习也没有美德。”(《论人类不平等的起源和基础》)同样,在《爱弥儿》中,道德生活开始于社会生活,人在童年时的独处类似于自然状态时人类的隔绝,当童年结束,人际关系便应时而生:“应该研究人的各种关系。只要他还只是通过自己的身体来认识自己,就应当通过他与物的关系来研究他,我们用他的童年来研究他;当他开始感觉到自己抽象的存在时,就应当通过他与人的关系来研究他,通过他的整个一生来研究他。”

[54]在《致克里斯托弗·德·博蒙的信》中,卢梭在讲到生活于自然状态的人时写道:“他只限于生理的本能,什么也不会做,是愚蠢的,这

就是我在论述不平等时所指出的。”这句话及前面的引文表明卢梭对自然状态的描写与对社会状态的辩护、《论人类不平等的起源和基础》与《社会契约论》的观点是一致的。

[55] 参见本书第二卷第四章最后一段。

[56] 参见本书第一卷第一章："社会法则是一种神圣的权利，是其他一切权利的基础。"

[57]《爱弥儿》第二卷种植菜园的段落最能说明本段的主题，通过这一故事，卢梭说明了"财产的观念是怎样自然而然地追溯到以劳动占有那块土地的人的权利的"。为了使爱弥儿对这一观念有深切的体会，卢梭让爱弥儿在园子里种蚕豆，向他指出劳动的果实"是属于你的"，并解释道："当我给他解释'属于'这个词的时候，我使他意识到他为此投入了他的时间、他的劳动、他的辛苦以及他的人身，使他意识到在这块土地上有他自己的东西，他可以归为己有而任何人不得染指，正如别人如果强拉他的手，他可以把它抽回来。"洛克的《政府论》第四章也阐述了同样的思想："关于土地的部分，我们已经见过人们是怎样获得某些果实的所有权的，显然，我们可以按照同样的方式获得土地的所有权。一个人可以耕作、播撒、种植多少亩土地，为了生活需要消耗多少亩土地的果实，这些土地就是属于他的。通过劳动，他把这部分财产变为已有，并将它与公有财产区别开来。""土地和所有低等动物是共有的，一般说来属于所有的人，然而每个人对于自己的人身有一种个别的权利，对此其他任何人都不能有任何企图。我们可以说，他的身体的劳动和他的双手的成果都是他自己的财产。他通过辛勤和技术从自然状态中获得的一切仅属于他自己：因为这种辛勤和技术是他自己的，且仅属于

他自己，谁也无权攫取这种辛勤和技术的果实。”

[58]参见洛克《政府论》第四章第七节：“也许有人反驳道，如果一个人在采摘和收获土地的果实时获得了对于这些果实的属于自己的和个别的权利，那么他就会想要多少就拿多少。我则答道，这绝非意味着他有权对这种权利加以滥用。因为自然法在让采摘和收获共同的果实的人拥有对于这些果实的个别权利的同时，也将这种权利限制在一定范围。‘神已厚赐百物。’（《提摩太前书》第六章第十七段）这是已被神的声音证实的理性之声。可是神为什么要赐给我们百物呢？‘给我们享用。’因此，通过劳动获取的财产的所有权应当由生活的便利和愉快之所需来确定。如果超出了适度的范围，拿了比需要更多的东西，那也许就拿走了本应属于别人的东西。”

[59]努涅兹·巴尔沃亚（Nunez Balboa，1475—1517），西班牙征服者和探险家。在《爱弥儿》种园的故事中，爱弥儿在园中种下蚕豆，从而占有了那块土地，卢梭接着说：“这样的占领，当然比努涅兹·巴尔沃亚替西班牙国王把旗子在南太平洋的海岸上一插就算是占领南美，更值得尊重和不可侵犯。”（《爱弥儿》第二卷）

[60]天主教国王，指阿拉贡王朝的天主教徒斐迪南二世，又称卡斯蒂利亚的斐迪南五世。

[61]参见卢梭《政治经济学》：“所有权是公民社会的真正基础，是公民约定的真正保障。”

[62]斯基泰人（Scythe），古代印欧民族，公元前六世纪至公元前三世纪活跃于北至黑海北岸大草原、东至伏尔加河、南至高加索和多瑙河的广大地区，在与大草原文化、希腊文化和东方文化的接触中创造过灿烂

的文化。

[63]参见本书第二卷第四章:“我们承认,每个人通过社会契约所转让的权力、财产和自由只是他的全部权力、财产和自由的一部分,这部分的用途于共同体来说至关重要。”

[64]参见霍布斯《公民论》第十二章第七节:“与国家利益相悖的第七条教义是:‘每个人对其财产拥有所有权,对其物品拥有绝对支配权。’我所理解的所有权不仅排除所有其他人对有关东西的权利,而且排除国家对它的权利。这是不对的。因为,如果承认在自身之上还有主人,那就根本不会有绝对的财产,这一点我在第八章第五条已经作了证明。然而,根据过去的协议,国家仍是超越于一切个人之上的。在人类套上政治社会的枷锁之前,谁也没有任何权利上的所有权,一切东西属于所有的人。如果不是从国家那里,那你们是从哪里得到这份所有权的呢?如果不是每个个人将自己的权利转让给国家,那么国家又是从哪里得到的呢?你们将自己的权利转交给国家,其结果是只有在共和国愿意的情况下,你们的财产和所有权才是属于你们的。”

[65]本章对应的是日内瓦手稿第一卷第四章“什么是主权以及它不可转让的原因”。日内瓦手稿在本章一开始便给主权下了定义:“在国家中有一种支撑国家的共同力量,一种指导这种力量的公意,将一方应用于另一方就构成了主权。”所以,主权就是指导使用公共力量的公意,或如本章所说,主权即公意的行使。卢梭在日内瓦手稿中还对此加以了论述:“由于意志总是趋向于意图者的利益,私意总是以私人利益为目标,公意总是以共同利益为目标,所以公意是或者应该成为社会团体的真正动因。”

[66]参见本书第一卷第六章:“这一结合的约定随即带来的不是一个个独立的订约者,而是产生了一个抽象的集体。”

[67]参见本书第三卷第十五章:“主权是不能被转让的,同理,主权也是不能被代表的,主权在本质上就是公意,而意志是不能被代表的:它要么是同一个意志,要么是别的意志,没有中间意志可言。”

[68]“主权是不可转让的”这一准则正是建立在这一原则基础之上。主权的本质是意志,而意志是不能被转让的,也是不能被代表的。如果我们同意另一个人的意图是我们的意图,他的意志就取代了我们的意志,并指导我们的行为,这样我们就服从于一种“外在的”意志而不再是自由的了。同理,如果人民转让其主权,那么私意就取代了公意,人民就不再是自由的了。但我们可以将执行意志的行为托付给某个人。因此主权体在行使行政权力时可以被代表,但在行使立法权力时则不能。参见本书第三卷第十五章。

[69]参见日内瓦手稿第一卷第四章:“指导国家的公意不是过去时代的意志,而是现在时刻的意志,主权的真正特点即在于:在公意的指导和公共力量的使用之间永远存在着时间、地点和结果的一致,一旦另一种意志控制了这种力量,我们就不能再指望有这种一致了。”《政治学片断》(第三部分,二):“主权只是公意的行使,和它一样,主权是自由的,不受任何约定的束缚。每个主权行为以及它的期限内的每个时刻都是绝对的,与它之前的行为无关,主权体的行动永远不取决于过去的意愿,而是取决于现在的意愿。”

[70]同理,放弃了自己的自由,就是放弃作为人的资格。参见本书第一卷第四章。

[71]参见本书第三卷第十三章:“主权权威是单一的、统一的,如果分割它就势必破坏它。”

[72]关于主权行为和行政行为、法律和法令的区别,亦可参见本卷第六章。

[73]卢梭在这一段批判的是十七世纪的政论家们所普遍主张的“主权之组成部分”的理论。这些政论家认为主权是由卢梭在本段所列举的若干权利组成,如普芬道夫的《自然法和公法》第七卷第四章的标题为“论一般情况下主权的组成部分以及它们的自然联系”,布拉马基的《政治权利的原则》第一部分第八章的标题为“论主权的组成部分,或主权所包括的各种基本权利”。他们的共同观点是:主权是一个若干权利的集合体或综合体。但是一些人(如霍布斯、普芬道夫)主张这些权利应永远集中于同一些人手中,另一些人(格劳秀斯、巴贝拉克和布拉马基)主张它们应分散于若干人或若干国家机构,并由此宣扬主权分割或权力平衡理论。例如,尽管霍布斯在《公民论》(第十二章)中宣称主权是不可分割的,但他的观点是,构成主权的所有权利都应毫无例外地集中于主权体之手。这与卢梭的主权不可分割主张截然不同。卢梭认为,主权之所以是不可分割的,是因为它是单一的,其本质在于立法权利的行使。

[74]附庸(émanation)一词在这里有些费解,但作者在下段作了解释:“每当我们自认为看到了主权被分割时,那其实是一种误解,被我们当作主权组成部分的那些权利其实都是附属于主权的,并且总是暗含着存在最高意志,这些权利只是最高意志的实施而已。”只有立法权力才是主权的本质,所以应由主权体直接或亲自行使。相反,主权体在行使

"附属的权利",特别是在行使行政权时可以委托代表,参见本书第三卷第十五章。

[75]详见本卷第六章。

[76]卢梭认为,格劳秀斯的《战争与和平法》只是一本有利于国王的主权的书,所以他把格劳秀斯作为主要批判对象。参见本书第一卷第四章。

[77]参见本卷第四章:"如果不是因为所有的人把每人一词视同自己,如果不是因为每个人在为所有的人投票时想着的是自己,为什么公意总是正确的?为什么所有的人总是希求他们之中每个人都幸福?"

[78]卢梭在日内瓦手稿第一卷第四章中说,公意在实际中极少是"所有人的意志",但是它至少在原则上应是"所有人的意志",否则我们就难以理解公民在服从公意的同时何以也是在服从自己的意志。实际上,公意存在于每个公民身上,公民可以回避它,但是无法消灭它:"在他甚至将其选票作价出售时,他也没有泯灭心中的公意,而是绕开了它。"当公意不再是所有人的意志时,这是国家走向衰落的迹象:"可是当社会纽带开始松弛、国家开始衰落,当个人利益开始抬头、小集团开始影响大社会时,共同利益就会发生变化,就会产生反对者,人民不再用一个声音说话,公意不再是所有人的意志。"(本书第四卷第一章)

[79]参见本卷第四章:"使意志成为公意的不是票数,而是将投票联合起来的共同利益。"

[80]卢梭认为,与公共利益对立的私人利益几乎总是个别集团的集体利益。"因为与个人利益相比,小集团利益并非与国家利益更加无

涉，于共和国的害处亦非更小；它们甚至还有这样一种弊端，即人们不惜一切代价捍卫所属的小集团的权利和要求，并以此为荣，而且，先己后人的不道德行为不在了，取而代之的是优先考虑自己所属的多人小集团利益，一个人可以是一个好议员，但他将最终成为一个坏公民。”（《论各部会议制》结尾）个人利益在讨论过程中可以消失，而小集团的集体利益却存在下来，并与公意对立。由此卢梭提出两种解决方案，一种是激进方案，但不切实际，即将小集团一举取消；另一种效果较弱，但更为现实，即将小集团裂变而加以削弱。

[81]利库尔戈斯（Lycurgue），传说中斯巴达的立法者，约生活于公元前九世纪，甚至更早。

[82]梭伦（Solon，约前640—前558），雅典立法者、诗人。他将雅典公民划分为四个交纳贡赋以取得选举权的等级。

努马（Numa Pompilius，约前715—约前672），传说中罗马的第二位国王。

塞尔维乌斯（Servius Tullius，前578—前535），相传为罗马的第六位国王。他首创将罗马人口按照财富分为不同的等级。详见本书第四卷第四章。

卢梭在这里参照的是普鲁塔克《名人传》第一卷：“在他建立的所有制度中，人们评价最高、尤为称道的是按照职业管理人口的制度：因为罗马城好像仍然由两个国家组成……或者更恰当地说，分为两大集团。由于无法完全消除不公，罗马不能或者不愿合二为一，所以双方之间争吵冲突不断。这两个群体由于强悍或积怨，都不能接受容纳对方，所以努马认为，要使二者融合，须将它们分裂为尽可能小的单位；因为双方的规模小了，彼此融合起来就更容易了。他由此进一步想到把整个人民划分为几个小块，通过这些小块，他又制造其他一些不公，但是因为这些不公已被分割为小的单位，所以就更容易消除原来未被分割时的大的不公。这样就按照职业划分为乐匠、木匠、染匠、鞋匠、矾鞣匠、鞣革匠、铸造匠、陶瓷匠及其他一些职业，他把所有相关的手工艺人列为一个群体，为每种职业规定了自己的行会、节日，并根据每种职业的地位规定了它们敬奉各自神明的聚会和义务。这样，他第一个消除了这种差别，人们不再说，也不再认为这些人是萨宾人，那些人是罗马人，这些人是塔提乌斯市民，那些人是罗慕路斯市民，以至于这种划分变为所有人和所有人的合并、混合和汇聚。”

[83]然而卢梭在下一章又说：“公民是无权选择法律让他去冒的危险的。(……)他的生命已不再仅仅是自然的一种恩赐，而是国家的有条件的馈赠了。”

[84]参见洛克《政府论》第八章第十节：“尽管进入社会中的人将他们在自然状态中所拥有的平等、自由和权力交与社会之手，以便立法权威以它认为好的和社会的利益所要求的方式处置它们，然而，这些人在交出他们的自然特权时别无他意，只是为了能够更好地保全他们的人身、自由和财产(因为我们无论如何不能设想有理性的人改变自己的处境是为了获得一种更坏的处境)，永远不能设想他们所建立的社会的权力或立法权威可以超出公共利益的要求。”

[85]在后面卢梭又写道：“主权体永远无权对某个臣民比另一臣民多施加负担。”这两条准则是互为补充的，概括了卢梭关于主权权力界限的理论。

[86] 参见本卷第六章“论法律”。

[87] 在本书第四卷第八章，卢梭又说：“社会契约所赋予的主权体对臣民的权利绝不能超出公共利益的范围。”

[88] 参见洛克《政府论》第三章：“由于人无权处置自己的生命，所以他不能通过任何协议、也不能自己同意成为任何人的奴隶，或服从于一个可以任意处置其生命的人的绝对和专断的权力。‘任何人给予别人的权力都不能多于他本身拥有的权力’；一个人既然不能剥夺自己的生命，毫无疑问，他也不能把自己生命的任何权利交给别人。”

[89] 从字面意思看，这句话更符合霍布斯的理论，而不是卢梭的理论。事实上，卢梭认为，安全固然宝贵，可是也不值得以牺牲自由来换取。

[90] 在此章之前，卢梭一直论述的是“主权体”，“君主”一词在此第一次出现。但是卢梭直至第三卷第一章才给该词赋予一个特定的含义。根据卢梭的定义，君主不是主权体，而是负责执行法律的行政官。

[91] 卢梭试图将他的论述与上卷第四章战争的概念统一起来，但似乎并不奏效。在上卷第四章，他说：“鉴于不同性质的事物之间不能确定任何真正的关系，所以每个国家的敌人只能是其他国家，而不是某些人。”但在本章卢梭似乎忘记了他的这一原则，认为罪犯虽然是一个物理的人，国家是一个观念的人，但是罪犯可以变为国家的敌人。

[92] “法律是政治体的唯一动力，只有通过法律，政治体才能行动，人们才能感到它的存在。”（日内瓦手稿第一卷第七章）

[93] 参见日内瓦手稿第一卷第二章：“如果我对别人严格遵守法律，我相信别人对我也遵守法律，那么你所说的社会法律的种种好处也许

是对的;可是在这方面你能给我什么保证呢?如果强者想方设法地伤害我而我却不敢从弱者身上得到补偿,我的情形还能比这更糟吗?要么你向我提供保障,使我免遭不公正行为,要么你就不要指望我不去做不公正的行为。”

[94]历史学家普遍认为,该段影射的是孟德斯鸠在《论法的精神》中(第一卷第一章)对法律的定义:“从最宽泛的意义上说,法律是从事物的性质中生发出来的必然关系。”

[95]见本卷第四章。

[96]参见日内瓦手稿第二卷第四章:“法律的内容和形式是构成法律本质的东西,形式在于进行裁定的权威,内容在于被裁定的事物。”

[97]但日内瓦手稿第一卷第四章中的相关表述与此有很大不同:“当我说法律的对象总是普遍的对象时,我的意思是法律是把臣民作为一个群体、把行为分门别类来考察的,它从不考虑个别的人,也不考虑唯一的个人的行为。”

[98]参见本书第三卷第一章:“立法权力属于人民,也只能属于人民。”

[99]根据卢梭的原则,“君主”是有别于“主权体”的。君主只是负责执行法律的行政官或行政官群体,所以一定要服从法律;而主权体如果愿意可以废止或修改法律。

[100]在《政治经济学》中,卢梭对“共和制”一词的解释有所不同:“因此,正如我已经指出的,合法的或民主的政府,即以人民利益为宗旨的政府的首要和最重要的准则就是在一切方面顺应公意。”

[101]该章显示出卢梭受到古代历史和马基雅维里的双重影响。卢梭

对于古代历史情有独钟，例如他在《波兰政府论》第二章“古代制度的精神”中写道：“我观察近代国家，我看到许多造法者，却不见一个立法者。在古人那里，我发现三个重要的立法者值得特别关注：他们是摩西、利库尔戈斯和努马。”马基雅维里的影响也是显而易见的。和卢梭一样，马基雅维里也十分推崇创始者或立法者。共和国的创始者的伟大虽不能与宗教创始者相提并论，但也是紧随其后的（见《李维论》第一卷第十章）。如果说良好的制度成就了一个国家的强大和持久，但是良好的制度不可能是人民所创造的，而是立法者加之于人民的：“必须把这一点作为一个总原则，这就是除非由唯一一个人来做，否则一个共和国或一个君主国从来不会或极少可能从一开始就具有好的建制，或以后得到完美的改革。甚至有必要只应由制定规划的人来提出执行的办法。”（同上，第一卷第九章）然而，二人对于立法者的理解有着根本的不同。卢梭认为，立法者不应有任何权力，只能通过说服的手段来让人民接受他的立法体系；马基雅维里更为现实，认为立法者通过夺取政权的手段将其法律强加于民：“一个真诚地爱公益胜于爱私利、爱祖国胜于爱继承人的精明的立法者应使用一切手段将全部政权掌握于自己手中。”（同上）

[102]日内瓦手稿的相关表述（第二卷第十章）为：“它知道人类的所有需要却不曾体会过任何一种。”

[103]日内瓦手稿的相关表述（第二卷第二章）为：“要为人类制定良好的法律，非需一位神不可。”

[104]参见本书第一卷第二章，在日内瓦手稿中（第二卷第二章），卢梭对卡里古拉的推理作了概括：“据费龙记载，柏拉图在其探讨统治术

的书中为了说明政治家或君主而在权利方面的论述，卡里古拉在事实方面已经做了，就是为了证明那些世界上的主人们在品质上高于其他的人。”

[105]指的是柏拉图的对话作品《政治篇》。参见日内瓦手稿第一卷第五章：“我不知道人类的智慧是否曾经造就过好的国王，请看一看柏拉图的《政治篇》中所说的君主应该具备的品质，请举出一个具有这些品质的人来。”

[106]见孟德斯鸠《罗马盛衰原因论》第一章。

[107]《爱弥儿》第一卷：“好的社会制度能够最好地改变人的天性，能够剥夺他的绝对的存在，而给他以相对的存在，并且把‘我’转移到共同体中去，以使各个人不再把自己看作一个独立的人，而只看作共同体的一部分，也只有在整体中才能感到自己的存在。”

[108]这对于立法的人民也是适用的：“由制定法律的人来执行法律不是好事，作为团体的人民将注意力从大处转向个别的对象也不是好事。”（本书第三卷第四章）

[109]卢梭在本书第三卷第十五章中又重复了这一观点：“任何法律不经人民亲自批准都是无效的，根本就不是法律。”

[110]和先知一样，立法者也应具备上帝使者的特点。参见《山中来信》书信三：“我们发现，上帝在将使命交付其使者时，也使其使命具有各种特点，以使所有的人都能识别这一使命（……）第二个特点体现在他为了传达他的话而拣选的人身上，他们的圣明、诚实、公正、纯洁无瑕的品行、人类的欲念所无法影响的美德以及过人的智力、理性、才智、知识、贤明都是一些可敬的标志，当所有这些特点集于一身而没有任何可

遭人诟病之处时，它们就构成了使者的确凿无疑的证据，说明他们不是寻常之人。”在日内瓦手稿第二卷第二章，卢梭也说：“可是并非随便什么人都能以神的名义说话，也并非什么人以神的代言人说话时都能被人相信。以神之名所传达的事情的伟大应当辅以超人的雄辩和坚定的口吻。如火的热情应和深邃的智慧及不变的美德相结合。总之，立法者的伟大灵魂是彰显其使命的真正奇迹。”

[111]参见《政治学片段》“论犹太人”：“犹太人向我们显示了这一惊人的奇迹。梭伦、努马、利库尔戈斯的法律均已作古。比它们更为古老的摩西的法律却一直存在。”亦可参见《波兰政府论》第二章有关摩西的段落。

[112]以实玛利(Ismaël)，亚伯拉罕及其埃及女佣阿加尔之子，在族长之妻萨拉的唆使下与母亲一道被逐出父亲的家。传说以实玛利为沙漠阿拉伯人的祖先。

[113]参见《萨瓦牧师的信仰自白》：“傲慢的哲学导致骄纵的心理，如同盲目的虔诚导致狂热一样。”据认为“傲慢的哲学”在此影射的是伏尔泰的《穆罕默德》。

[114]威廉·沃伯顿(William Warburton，1698—1779)，英国神学家。此处卢梭影射的是他的《教会与国家的联盟》。在论述“社会的宗教”一章时，沃伯顿的名字被再次提及。

[115]这也是马基雅维里在《李维论》第一卷第九章的观点：“当努马用工艺与和平塑造人民，使他们习惯于服从时，他所面对的是一个凶悍的民族。他求助于宗教，如同求助于政治社会最必要、最可靠的依托一样，他创立的宗教具有这样的基础，以至于在任何时代、任何地方，人民

对神的恐惧都没有比在该共和国更为强烈，这种情况一直持续了几个世纪。也许正是这种有益的畏惧使得元老院和这些伟人们的所有事业容易施行了。”

[116]本章及后面两章“续”在日内瓦手稿中仅为一章，题为“论要为其创立制度的人民”，开头第一句话是：“尽管我这里探讨的是权利而不是时宜，然而我还是忍不住要对一切良好制度所不可或缺的时宜略加考察。”卢梭在本章特别关注每个民族所特有的经济、地理或历史因素，强调立法者在创制时应考虑到这些因素。这也是孟德斯鸠的观点。

[117]卢梭在《致达朗贝尔的信》中提及了梭伦的做法：“问题在于使法律适合它所针对的人民和依法所裁决的事情，以至于法律的执行完全靠这些时宜的共同作用；和梭伦一样，不是把从其本身来说最好的法律加于人民，而是把人民在具体情形下所容许的法律加于人民。”

[118]该典故出自普鲁塔克《写给一位无知的君主》：“昔兰尼人请柏拉图为他们亲手制定法律，规范共和国的行政。但柏拉图推辞了，说昔兰尼人生活于一派歌舞升平中，在此状态下是很难为他们制定法律的。”

[119]弥诺斯（Minos），希腊神话中克里特岛的英雄，克诺索斯之王。

[120]参见马基雅维里《李维论》：“由于这里所说的只是一些混合体，如宗教、共和国等，我认为它们能够经受的好的变化是让它们回归其原则（……）因此，宗教、共和国或君主制的原则本身一定具有一种力量，一种使其恢复原始的辉煌和活力的生命；由于该原则不断地受到时间的磨损和削弱，如果它的活动不是经常地被注入活力，它势必消亡（……）一个共和国回归其原则或者是某个外部偶然事件促成的，或者

是明智所保留的内部手段的结果。”

[121]卢梭的这个观点受到了马基雅维里的影响。参见《李维论》第一卷第十六章:“一个习惯生活于君主治下的民族如果偶然地自由了,他们是很难保持自由的。”又见第十七章:“一个腐化的民族如果自由了,他们是很难保持自由的。”

[122]指俄国沙皇彼得一世(1682—1725年在位),他受西欧君主制的启发,在位时进行了西化的政治、经济、风俗和军事改革,将俄罗斯带入近代社会,使之成为欧洲强国。

[123]这段对彼得大帝改革的批评所针对的是伏尔泰对这位沙皇的过度吹捧。伏尔泰认为,彼得在掌权之前脑子中就有了一个宏大、人道、合理、和平、堪称“哲学家”的改革计划。他一上台便着手实施这一计划。尽管不断受到别人强加于他的战争的困扰,他殚精竭虑的一直是他的改革计划。他是真正的立法者,唯一一个不是传说中的立法者。而且彼得也是少有的享有足够的威望而无需求助于宗教手段的立法者之一。

[124]参见孟德斯鸠《论法的精神》第十九卷第十四章:“彼得一世是把欧洲的风俗和生活方式给了一个欧洲民族,所以他的改革进展之顺利是超乎了他的预想的。”而卢梭则认为,彼得大帝在将他的臣民变为欧洲人时,也就不再使他们成为一个民族了,因此失去了创制的目的。在《科西嘉制宪草案》中,卢梭说:“我们要遵循的第一条规则就是民族性。任何民族都有、或者应该有民族性;如果没有,必须首先赋予他们这种民族性。”

[125]亚里士多德在《政治篇》(第七卷第四章,1326a—b)中已经提出

了这一问题:“城邦必备的第一要素是人。人的数量和质量应当顺其自然。至于国土,也必须具有所需的幅员和质量。大部分人认为,要想幸福,城邦应当以大为好。也许他们说的是对的,可是他们却不知道何谓城邦的大或小。他们是根据居民的人数来判断城邦的大小的。可是更应当重视的是实力而非人数……正如任何东西,如动物、植物、工具一样,对于城邦来说也有一个衡量大小的尺度。如果东西太小或太大,它就没有能力发挥作用……城邦也是如此。如果人口太少,它就不能自足(城邦从其定义来说是一个自足的社会);如果人口太多,它虽可以自足,但只是一种简单的拼凑,而不是一个城邦,因为人们无法为其创立真正的制度。”

[126]参见《波兰政府论》第五章:“国家的庞大,国土的辽阔,这是造成人类不幸的首要的和主要的根源,尤其是破坏和毁灭开化民族的无数灾难的根源……要治理庞大的国家非需超人的能力不可。”在《社会契约论》中,卢梭也数次流露出对小国的偏爱,如第三卷第十三章:“不能以大国的滥用权力为由来反对主张小国的人。”这不仅是因为小国在比例上要强于大国,还因为小国更有利于自由,如第三卷第一章:“国家越大,自由越少。”在第三卷第一和第六章,卢梭指出了国家的庞大将对政府的形式和性质产生多么大的影响。

[127]参见本书第三卷第八章。

[128]参见本书第三卷第九章。

[129]参见《科西嘉制宪草案》:“要增加人口,就必须增加他们的生活资料,就必须发展农业。我对“农业”一词的理解不是精耕细作的技艺,我把它理解为使人民广布于整个国土、落地生根、耕种每寸土地的建

制……”

[130]参见马基雅维里《李维论》第一卷第十章:“共和国或君主国的创始者多么值得称颂,暴君制的制造者就多么值得谴责。”

[131]参见《科西嘉制宪草案》前言:“科西嘉人民正处于有可能拥有良好的宪法的大好时机。”热那亚自十四世纪起统治科西嘉,一七六八年将其割让给法国。一七六四年八月三十一日布塔福科在写信邀请卢梭为科西嘉制宪时引用了本章的一些话:“科西嘉几乎正处于你为立法所规定的形势下。它还没有戴上法律的真正羁绊,它不怕被突然入侵,它离开其他民族也可以过活,它既不富有也不贫穷,可以做到自足。”

[132]参见本书第一卷第八章。

[133]参见《科西嘉制宪草案》:“必须使所有人都可以过活,谁也不致富。”这也是柏拉图的理想,他在《法律篇》第五卷中提出了一系列旨在防止公民致富或致穷的措施。

[134]迦太基,公元前八一四年至前八一三年由提尔的腓尼基人所创建的城市,今属突尼斯,是一个商业和海上强国。

提尔,古代腓尼基港口,今属黎巴嫩,在公元前十二世纪成为一个强大的城邦,位于亚洲和西方商业贸易的十字路口,其影响遍及地中海沿岸各地,公元前九世纪达到鼎盛时期。

[135]罗得岛,希腊爱琴海岛屿,古代曾为强大的海上城邦。

[136]参见《论法的精神》第十一卷第五章:“尽管说来,所有国家都具有相同的目标,就是自存,但是每个国家仍然具有一个自己特定的目标。罗马的目标是扩张,拉栖第梦的目标是战争,犹太法律的目标是宗教,马赛的目标是商业,中国法律的目标是太平,罗得岛法律的目标是

航海，野蛮人的政治目标是自然的自由。一般来说，君主的快乐是专制国家的目标，君主的光荣和国家的光荣是君主国家的目标，每个人的独立是波兰法律的目标，它的结果是对所有人的压迫。”

[137]中项指的是政府。参见本书第三卷第一章：“政府是为了臣民和主权体的相互沟通而设立在他们之间的，负责实施法律、维护社会和政治自由的一个中间体。”

[138]参见孟德斯鸠《论法的精神》第一卷第三章：“社会是应该加以维持的，人作为在社会中生活的动物，在治理者与被治理者之关系上，人是有法律的，这就是政治法；在所有公民之关系上，人也有法律，这就是民法。”由此可见，孟德斯鸠把民法的应用范围限于规定公民之间的关系，而卢梭的民法的含义则更加广泛，既规定公民之间的关系，又规定成员与整个群体的关系。

[139]参见《山中来信》书信五：“这里‘政府’一词的含义模糊不清，有必要对它加以明确……‘政府’一词的含义在各国不尽相同，因为各国的建制并非都是一样的。——在君主制中，行政权是与主权的行使结合在一起的，政府就是主权体，它是通过其阁员、内阁会议或者绝对以它的意志为转移的机构来发挥作用的。在共和国，尤其在民主制中，由于主权体从不亲自直接行政，情况则另当别论了。这时，政府只代表着行政权，它与主权泾渭分明。——该区别在这些问题上是非常重要的。要很好地理解这一区别，人们应当仔细阅读《社会契约论》第三卷的前两章，我在这两章明确地指出：人们巧妙地使用一些含糊其辞的表述方式，就是为了在需要时能够按照自己的意愿。”在《政治经济学》中，卢梭再次明确论述了这种区分：“我请读者们还要仔细区分‘公共经济’和最

高权威。下面我要谈的是公共经济，我称之为‘政府’；我把最高权威称为‘主权’，这种区别在于：后者具有立法权，在某些情况下甚至对国家有约束力；而前者只有行政权，只能约束个人。”

[140]本章难以读懂，是因为其中有许多数学表述，大部分评论家对这些论述也颇感吃惊和费解，如“由于有许多数学术语，大部分今天已不再使用，而卢梭用起来也不够严格和准确，所以本章的整个结尾以及后一章的一部分都十分难懂。这种比较初看起来别出心裁，卢梭之所以进行这种比较，是受这种合理的演绎法的吸引，也是想使他的书显得如科学般精确。可是，正如人们所看到的，结果并不令人满意，卢梭的思想反而因此更难懂而不是更明确了，因为社会比例的多样性不能简单地用单纯的数量比例来表达”。（一九三〇年版《社会契约论》的编者G.博拉封）要正确地理解这些数学表达，必须结合十八世纪的数学语言和这些术语在十八世纪的含义。

[141]参见本书第二卷第四章和第六章。

[142]参见日内瓦手稿第一卷第四章：“在人的构成上，灵魂对肉体的作用是哲学上的一个谜；同样在国家的建制中，公意对公共力量的作用也是政治学上的一个谜。所有的立法者茫然不解的正是这一点。”

[143]本章有两个政府的定义。根据这一定义，政府是一个“中间体”，一个“集体”，因此与君主是没有区别的，因为“整个团体名之为君主”。第二个定义的含义与之不尽相同。

[144]参见本卷第十六章“论政府的建立不是一种契约”。

[145]根据这第二个定义，政府不再像前面的定义中是一个“团体”，而是一种“职能”，是“最高行政”或“行政权的行使”。“君主”是肩负这

一职能的“团体”或“机构”。所以，君主之于政府的区别如同主权体之于主权的区别一样。

[146]根据十八世纪所使用的术语，比率(raison)是由两个数构成的、表明一个包含另一个或一个被另一个所包含的方式的比例。“被对比的同类事物称作比率或比例的项(terme)，所要对比的事物称作‘前项’(antécédent)，与之对比的事物称作‘后项’(conséquent)。”(《百科全书》“比率”词条)两个比例也可以进行对比，如果两个比例是相等的，它们就构成一个“等比”(proportion)。“由于每个比例有两个项，所以‘等比’基本上有四个项；第一个和最后一个项称作‘外项’(extrême)，第二个和第三个项称作‘中项’(moyen)。这种形式的等比是一种‘离散等比’(proportion discrète)。如果两个中项相等，可以取消其中的一个，等比就只剩下了三个项，这时中项就被认为是两个项，而且属于两个比率，它是前一比率的后项，又是后一比率的前项。在后一种情况下，该‘等比’就被称为‘连续等比’(proportion continue)，是真正的级数(progression)。”(《百科全书》“等比”词条)数学家拉米也说：“同一个项可以为前一前项充当后项，又可以为后一后项充当前项，因此三个项就足以构成一个等比。这时的等比被称作连续等比，兼具两项功能的数值被称作等比中项(moyenne proportionnelle)。”(《数学基础》)例如，2，4∶∶8，16是一个离散等比，2，4∶∶4，8是一个连续等比。

[147]也就是说，外项(extrême)(作为主权体和臣民的公民)的乘积等于中项(moyen)(政府)的乘积。

[148]几何比率的指数(exposant)是后项除以前项所得的商。“一个比率(这里应理解为‘几何比率’，因为算术比率中所谓的比率专门被称

作公差)，一个几何比率的'指数'是后项除以前项的商。因此，对于比率2∶8来说，它的指数就是8/2＝4；对于比率8∶2来说，它的指数就是2/8＝1/4等。两个比率之所以相等，它们之所以构成所谓的等比，就是因为它们的指数相等。所以每个后项是其前项与共同指数的乘积。”(《百科全书》中达朗贝尔对“指数”的解释)

[149]下面是弗朗松先生对于“双倍比率”(raison doublée)一语的注释：“这又是一个我们今天颇为费解的数学术语。假设有两个相等的比例A/B和C/D，我们把这两个比例的乘积，即(A×C)/(B×D)称作'双倍比率'。我们的具体情况是一个'连续等比'，它只有三项，即A、B、C。因此'双倍比率'就是(A×B)/(B×C)。由于等比A/B＝B/C的一个外项，即C是固定的，表现为'一'，所以'双倍比率'就等于(A×B)/B＝A。当A变化时，比例A/B以及A和'一'之间的中项，即B，也变化。卢梭由此得出'唯一的和绝对的政府建制是不存在的，而是有多少个大小不等的国家，就有多少个性质不同的政府'的结论。此外，由于A×C＝B×B且C＝1，所以$B=\sqrt{A}$。”(参见《卢梭的数学语言》)

[150]参见本卷第十章：“从政府篡取主权那一刻起，社会契约就被破坏，所有的普通公民理所当然地回到了他们自然的自由状态，他们被迫服从，而不是将服从视作义务。”

[151]这一区分与前一章“政府”的第二个定义是一致的。

[152]这里指的是人民这一群体或集中起来的人民。

[153]参见下一章的结尾：“一般说来，民主政府适宜于小国，贵族制适宜于中等国家，君主制适宜于大国。”

[154]在谈到政府时，应当区分什么是它的“绝对力量”、“相对力量”

和“正确性”。政府的绝对力量等于国家的力量，相对力量取决于它的能动性或集中程度。卢梭在《政治经济学》中说：“公共‘经济’的首要法则就是依法行政。”政府的“正确性”正是体现在这上面。然而，与主权体不同的是，政府并非总是、甚至很少符合它应该的样子。它的自然倾向是“蜕化”，即设法摆脱公意，不再依法管理国家（参见本卷第十章），或者用卢梭的话说，设法篡夺主权。

[155]联系到前文（第二卷第六章）所说：“一切合法的政府都是共和制政府。”所以，在本章对政府的分类只是依据掌握行政权力或治理国家的行政官的数量，而根据卢梭的原则，立法权力只能属于人民。

[156]因此，人们只能在两种害处之间作选择，在政治上明智的做法是两害相权取其轻。

[157]参看孟德斯鸠《论法的精神》第七卷第二章：“我刚刚说过，在那些均分财富的共和国，是不可能有奢侈的；我们在第五卷也看到，这种平均分配是共和国的一大优点，所以奢侈越少，共和国就越完美。”对于卢梭来说，奢侈是不平等所产生的一种罪恶，他在其所有著作中不断对其大加挞伐。特别参看《政治学片段》第七节对奢侈、商业和艺术的论述。

[158]此处指孟德斯鸠，见《论法的精神》第三卷第三章。

[159]参见本卷第九章卢梭原注中对内战的论述及最后一句话：“真正使人类得以繁荣的，是自由而不是和平。”

[160]我们不能从这句卢梭经常援引的话就得出结论说，卢梭是反对人民直接治理的。参见本卷第十二章和第十五章。

[161]在《山中来信》书信六中，卢梭对“贵族制”做了简单概括：“政

府可以采用的各种形式归结为三种主要的。在比较了它们各自的优缺点之后,我更偏爱介于两个极端之间的、名为贵族制的那一种。这里要知道,国家的建制和政府的建制是两个截然不同的东西,我没有把它们混为一谈。最好的政府是贵族制的,最坏的主权是贵族制的。"

[162]参见本卷第十章卢梭原注:"世袭贵族制本来就是合法的行政中最坏的一种。"

[163]这些德行并非贵族制所特有,因为卢梭在前面(第二卷第十一章)说它们是一切有良好建制的国家所必不可少的。卢梭将"节制"(modération)作为贵族制政府所特有的德行似乎是向孟德斯鸠致敬。孟德斯鸠说,"节制是这些政府的灵魂"。(《论法的精神》第三卷第四章)

[164]亚里士多德认为,为富人谋利益的政府不是贵族制、而是寡头制(见《政治篇》第三卷第七章,1279b)。对于亚里士多德来说,最完美和治理得最好的城邦是中间阶层拥有最多人数的城邦:"最完美的公民社会是公民生活于一种中间状况的社会……只有那些中间阶层占多数而且比其他两个阶层更加强大的国家才是治理得好的国家"(同上,第四卷第二章,1295b)。这后来也成为卢梭的理想。尤其参见《山中来信》书信九中对日内瓦市民的称颂。

[165]在本卷第一章,卢梭也把行政官称作"公共权威的受托者"。

[166]参见本卷第一章:"这个中间体的成员名为行政官或国王,即治理者。"

[167]这里影射的可能是霍布斯和《利维坦》中的一段话:"当公共利益和私人利益最紧密地结合时,公共利益就得到最好的保证。然而,在君主制中,私人利益和公共利益是混在一起的。君主的财富、权力和荣

誉只来自其臣民的财富、力量和声望。如果臣民又穷又弱，被人轻视，那么国王也不会富有、强大，也就没有安全。”

[168]见《撒母耳记上》第八章。撒母耳为以色列士师，他年老体迈后，就立他的儿子作以色列的士师。但他的儿子不行他的道，贪图财利，收受贿赂，屈枉正直。于是以色列百姓要求撒母耳为他们立一个王治理他们。撒母耳向耶和华祷告，耶和华告诉撒母耳将来的王将怎样管辖百姓：“管辖你们的王必这样行，他必派你们的儿子为他赶车，跟马，奔走在车前。又派他们作千夫长，五十夫长，为他耕种田地，收割庄稼，打造军器和车上的器械。必取你们的女儿为他制造香膏，作饭烤饼。也必取你们最好的田地，葡萄园，橄榄园，赐给他的臣仆。你们的粮食和葡萄园所出的，他必取十分之一给他的太监和臣仆。又必取你们的仆人婢女，健壮的少年人和你们的驴，供他的差役。你们的羊群，他必取十分之一，你们也必作他的仆人。那时你们必因所选的王哀求耶和华，耶和华却不应允你们。”（《圣经》和合本）霍布斯在《公民论》第十一章第六节也提到了这一段。

[169]在《百科全书》的“马基雅维里主义”词条中，狄德罗对《君主论》的解释和卢梭不谋而合：“当马基雅维里写他的《君主论》论文时，他好像是在对同胞们说：请好好地读这本书。如果你们接受一个主人，我给你们描述一下他的样子吧：你们将自己委身给了一头凶残的野兽。”

[170]一七八二年版的《社会契约论》在此处有一注释（来自纳沙泰尔手稿7842，第五十二号）：“马基雅维里是一个诚实的人和好公民，可是，由于他对美第奇家族的依附，在国家一派压抑气氛中，他不得不掩饰自己对自由的热爱。他选择了一个令人生厌的主人公，仅此一点就

足以表明他的不可言说的意图。而人们认为他的《君主论》的准则和他的《李维论》和《佛罗伦萨史》的准则是相互矛盾的,这也表明:这位深刻的政治家迄今只有肤浅的或腐化的读者。罗马宫廷严禁他的这本书,我对此深信不疑,因为他刻画得最惟妙惟肖的就是罗马宫廷。”

[171]参见本卷第三章结尾。

[172]参见孟德斯鸠《论法的精神》第二卷第四章:“中间的、附属的和依赖的权力是君主制政府的性质,在君主制政府中,国王独自一人凭借基本法来治国……最自然的附属中间权力是贵族的权力。”

[173]参见孟德斯鸠《论法的精神》第二卷第二章:“在推选人才、将自己的部分权威交给所推选之人方面,人民是可以做得很好的。他们只需根据他们所熟悉的事情、他们所知晓的事实作出决定。他清楚地知道哪个人经常参加战争、取得了那些战功,所以他们完全能够选出将军来。他们知道哪位法官勤勉、许多人满意地走出他的法庭而没有人指控他贪赃枉法,这足以使人民选出大法官来。对于哪位公民的慷慨或财富他们也有深刻的体会,这足以使他们选出市政官来。所有这些事实,人民在公共广场上要比深宫中的国君熟知得多。”

[174]这段话是卢梭在《社会契约论》印行的最后时刻加上去的,本是称赞当时朝中重臣舒瓦瑟尔的,为的是该书在运往法国时(最初是在荷兰印行的)舒瓦瑟尔能够网开一面:“我甚至毫不怀疑,舒瓦瑟尔先生早已对我垂青了,而我对他的敬仰又使我在这部书里对他有所颂扬,他必然心中知感,能在这种场合下支持我,来对付蓬巴杜尔夫人的恶意。”(《忏悔录》第十一章,范希衡译)但舒瓦瑟尔并没有领情,而是将文中对他的赞扬看作了指责。

[175]迪尼斯(Diniz,1261—1325),葡萄牙第六代国王(1279—1235年在位)。

[176]参见《圣皮埃尔神甫的各部会议制》第十章:“经验证明:一般情况下,元老院的讨论要比内阁的讨论更加明智,也更容易领会。”

[177]日内瓦手稿第一卷第五章对该错误进行了大篇幅的批驳,而本书第一卷第二章对该错误的评论却很短。

[178]“虽然在出现奇迹的情况下一个伟大的灵魂就足以挑起君主制的重担,但是代代相传的世袭制、王位继承人所接受的荒唐的教育所造就出来的总是一百个蠢材,却培养不出一位真正的国王。”(《圣皮埃尔神甫的各部会议制》第一章)

[179]参见博须埃《来自〈圣经〉的政治》第六卷第二篇“论对君主的服从”第六建议,标题为“对于君主的暴政,臣民只能没有反抗、没有怨言地提出善意的告诫,或祈祷他们回头”。也见加尔文:《论基督教制度》,第四卷第二十章第二十四节:“如果还有人反驳说:行政官本应体现上帝的形象,对于那些凭着上帝的圣旨而胡作非为,更有甚者,暴如野兽的君主就不应当服从,我则回答:我们要不折不扣地尊重上帝确立的秩序,甚至对于那些统治我们的暴君也要予以尊敬。”

[180]这里影射《论法的精神》中关于英国政治体制的章节(第十一卷第六章)。

[181]这里指的是各个部门的官员和大臣的独立性。参见《波兰政府论》第八章:“所有大臣独立于参议院,也相互独立,在各自部门拥有无限的权威。”

[182]《论法的精神》中有四卷谈的是气候对政治的影响,卢梭在这里

暗示的是第十七卷,题为“论政治奴役的法律与气候特点的关系”。在第二章,孟德斯鸠说:“热带民族的懦弱几乎总是使这些民族成为奴隶,寒冷气候之下的民族的勇敢使他们保持自由,对此没有什么可奇怪的。这是自然原因所导致的结果。”第六章:“亚洲笼罩在一派奴役的气氛中,这种气氛从未离开过亚洲,在这一地区的所有历史中,自由精神了无痕迹。”在《波斯人信札》书信一三一中,孟德斯鸠说:“似乎自由是欧洲民族的天性,奴役是亚洲民族的天性。”

[183]夏尔丹(Jean Chardin, 1643—1713),法国旅行家。著有《波斯和东印度之行》。

[184]巴巴里亚,十九世纪以前对埃及以西北非广大地区的称呼,因那里的柏柏尔人而得名。

[185]参见本书第二卷第五章:“社会契约以保护订约者为宗旨。”但是保护订约者的安全并非政治结合的唯一目的,另一个同样重要的目的就是捍卫订约者的自由。卢梭此处将“保护”一词和“繁荣”一词结合起来,所以本章的卢梭原注最后一句话是:“真正使人类得以繁荣的,是自由而不是和平。”

[186]政治体解体,公民回到自然的自由中,这是无政府一词的本义。在卢梭笔下,无政府指的是合法权威的缺失,因此也是公民义务的缺失。

[187]孟德斯鸠也说:“人的一切东西都有一个终结,我们所言的国家也将失去它的自由,将会灭亡。罗马、拉栖第梦和迦太基都灭亡了。”(《论法的精神》第十一卷第六章)

[188]参见本卷第十五章:“一切不符合自然的东西都有缺陷,而文明

社会比起其他的一切来缺陷更多。”卢梭在论“战争状态”的片段中也将政治体的建制与人的体质做了比较：“人在力量和高度上都有一个自然所规定的、人无法超越的极限（……）相反，国家是一个人为的团体，它没有任何具体的限度。”

[189]卢梭在这里只是重弹霍布斯在《利维坦》第二十六章的论调：“即使法律在长时间的使用过程中其权威已经得到巩固，法律的权威也并不是取决于时间的长短，而是取决于主权体的意志，这种意志体现在主权体的沉默上，因为沉默有时是同意的表示；只要主权体保持沉默，它的意志就一直是法律。”

[190]参见本卷第十五章结尾和卢梭原注。小国可以结合成“联邦”来抵御大国的霸权。

[191]“如果说城市是有百害的，那么首都之为害更甚。首都是一座深渊，几乎整个国家的道德、法律、勇敢和自由将在其中丧失殆尽。”（《科西嘉制宪草案》）

[192]“农耕民族不要觊觎城市的居所，不要羡慕居住在城市的无所事事之人的生活，因此，不能用一些有损于整个人口和国家自由的便利来促进居住。”（《科西嘉制宪草案》）

[193]这是卢梭一贯的观点。城市的奢侈是造成农村荒凉凋敝的原因之一。“我们的城市中有一百人过上奢侈的生活，就会造成我们的农村中十万人的死亡。”（《答博尔德先生》）总的说来，卢梭称颂的是人民和“乡人”，如早期的瑞士人，并把他们作为榜样推荐给科西嘉民族。在《社会契约论》第四卷第四章中，他提到了“早期罗马人对乡间生活的热爱”。

[194]由于卢梭反对一切代表制，这句话可能令读者感到意外。但是这里的“被代表者”显然指主权体，“代表”指政府。参见本卷第十五章：“由于法律只是公意的宣告，显然，在立法权力上，人民是不能被代表的，但是人民却可以而且应该在行政权力上被代表，因为行政权只是实施法律的力量。”

[195]“代役制度是近代的发明。古人既不知代役费（finance）一词，也不知‘人头税’和‘人口税’等词。”（《科西嘉制宪草案》）“古代政府甚至不知道代役费一词，他们用人力却可以创造出奇迹来。”（《波兰政府论》第十一章）

[196]“但愿‘徭役’（corvée）一词不要让共和人士们不快！我知道这个词在法国是为人所憎的，可是它在瑞士也这样吗？瑞士的路都是靠徭役修造的，却没人抱怨。”（《科西嘉制宪草案》）“我希望政府多课征人的双手而不是他们的钱袋，我希望路、桥、公共建筑、君主和国家的役务都通过徭役来完成，而不是靠掏钱来代替。”（《波兰政府论》第十一章）

[197]在《波兰政府论》第七章中，卢梭写道：“对于英国人的粗心、疏忽，或者冒昧地说一句，对于他们的愚蠢，我真是叹为观止，他们在把最高的权力交给议员之后，对于他们在委员会整整七年的任期内怎样使用这一权力却没有作出任何的限制。”

[198]这里影射的是由具有强制委托权的三个等级的代表组成的法国三级会议。

[199]古罗马桑普罗尼乌斯氏族的平民家族，因为担任行政官而成为了贵族。提贝里乌斯·桑普罗尼乌斯·格拉古（Tiberius Sempronius

Gracchus，前 162—前 133）和凯乌斯·桑普罗尼乌斯·格拉古（Caius Sempronius Gracchus，前 154—前 121）颁布土地法，对罗马社会进行了广泛的经济和政治改革。贵族在特权上受到打击，便制造骚乱。改革失败，提贝里乌斯和凯乌斯被杀。

[200]在《波兰政府论》第七章，卢梭的观点有所区别，也更加现实。在论述大国时，他说："立法权力不能自己显示出来，它只能通过代表制来发挥作用。"因此，卢梭不再主张取消代表，而是主张经常改选代表，代表有固定的任期。卢梭不再坚持古代共和国的样板，而是软化了他的原则，使其适应于近代大国的政治生活。

[201]参见本卷第四章。

[202]指的是中世纪以来把社会契约视作一种"服从的契约"的政论家们。他们认为，这种契约是一种相互的承诺，据此，臣民承诺服从，君主承诺以公共幸福为目标来治理国家。自十六世纪以来，这一理念被不同政见的各派用于不同的政治目的，至十八世纪已成为一种老生常谈。例如，卢梭在《论人类不平等的起源和基础》中就把这一观点作为一种共识："今天，我先不探讨一切政府的基本契约的性质，这一探讨还有待进行，我只根据共识把建立政治体视为人民和他们所选举的首领之间的一种真正的契约，缔约双方约定遵守契约中所制定、构成他们的结合之纽带的法律。"

[203]参见本书第二卷第一章："如果人民只是承诺服从，那么它就会因这一承诺而解体，它就丧失了作为人民的资格；从有了一个主人的那一刻起，主权体便不复存在，政治体也就此垮台。"

[204]在卢梭的社会契约中，个人对于主权体和他们所订立的约定也

没有任何保证。可是社会契约的特点恰恰在于“主权权力不需要对臣民作出保证,因为该团体不可能故意损害全体成员,(……)它也不能损害任何个人。”(本书第一卷第七章)所以卢梭在《爱弥儿》第五卷中说:“社会契约具有一种特殊的、独有的性质,那就是人民只与其本身订约。”

[205]这句话显然批评的是普芬道夫,普芬道夫在“结合的契约”之外还另加了“服从的契约”。(参见《自然法和公法》第七卷第二章第八节)

[206]参见本卷第一章。

[207]日内瓦总检察官让-罗贝尔·特隆谢在对《社会契约论》的指控的“结论”中,特别强调了这一段。他说,卢梭“认为人民的公意和个人的私意都是同样不稳定的;他的原则是:国家意志同个人意志一样,其本质是自己不能限制自己,也是多变的和不可毁灭的,从该原则出发,他把一切政府形式都视为临时的形式,视为可以总是改变的尝试。”

[208]参见本卷第十三章。

[209]这段话使《社会契约论》在日内瓦遭到指控,人们指责卢梭妄图破坏一切政府形式。总检察官特隆谢说:“他认为防止政府越权的方法只有一个,就是定期集会,集会期间政府被中止,无需正式的召集,人们单独地讨论、按照多数选票决定是否保留现有的政府形式和在位的行政官。”

[210]在本书第一卷第七章也有同样的表述:“对于人民这一团体来说,既没有也不可能有任何强制性的基本法,甚至社会契约也不是。”

[211]《战争与和平法》第二卷第五章第二十四节。格劳秀斯认为,公

民不能"集体地退出国家",但是"单独的个人"可以这样做。和卢梭在原注中的观点一样,格劳秀斯又补充道:"不过还是有一条自然平衡法所规定的法则要遵守,罗马人在小社会解体时也遵守了这一法则,这就是如果公民社会的利益需要公民留下来时,他就不能退出国家。"

[212]指的是瑞士乡村州府的居民,卢梭在《科西嘉制宪草案》中曾对此做过理想化的描写。

[213]卢梭在《波兰政府论》第十章中也说:"法律宜少不宜多,但必须易于领会,尤其要得到很好地遵守。"在《政治学片段》第四部分"论法律"中,卢梭说:"如果有人问我:哪个民族是所有民族中最邪恶的,我会毫不迟疑地答道:是法律制定得最多的民族。"

[214]伯尔尼关押重刑犯的监狱称作"挂铃所",因为犯人的脖子上挂有铃铛。

[215]惩戒所是日内瓦惩治那些难以管教的无赖的教养所。

波伏尔公爵(Duc de Beaufort, 1616—1669),法国国王亨利四世的孙子,投石党首领之一,号称"菜市场之王"。

[216]参见本书第二卷第三章。

[217]参见本书第二卷第四章:"如果不是因为所有的人把每人一词视同自己,如果不是因为每个人在为所有的人投票时想着的是自己,为什么公意总是正确的?为什么所有的人总是希求他们之中每个人都幸福?"卢梭认为,每个人都是由自爱(amour de soi)所引导的,一旦成为公民,他的私人利益不会和公共利益相混淆。可是公意是他作为公民所拥有的意志,公意体现了他的公民利益。或者说,没有共同利益就没有公意,共同利益也是每个人的利益,正如公意也是每个人的意志一样。

[218]参见塔西佗《历史》第一卷第八十五章。

[219]奥托(Marcus Salvius Otho, 32—69),古罗马皇帝,被维特利乌斯所败,自杀。

[220]维特利乌斯(Vitellius,前 15—69),古罗马下日耳曼军队总指挥,六九年被拥戴为皇帝,并战胜了元老院所拥戴的皇帝奥托。

[221]该原则在自然法学派中是社会契约理论的基础,在卢梭的时代已成为政治哲学的常识。普芬道夫说:"由于所有人生来拥有平等的自由,不经一个人明确的或默认的同意,想迫使他做任何事情都是不公正的。"(《自然法和公法》第三卷第二章第八节)洛克在《政府论》中(第九十五和九十九节)写道:"所有人生来就是自由的、平等的和独立的,如果不经本人亲自同意,谁也不能使他脱离这种自然的状态,也不能使他服从另一个人的政治权力。(……)政治社会的起源、真正形成政治社会的条件是能够组成多数的一定数量的自由人同意,联合起来组成这样的社会。这样,也只有这样,才真正产生或才能够产生世界上的合法政府。"

[222]参见《论人类不平等的起源和基础》:"那些郑重宣布奴隶的孩子生来即为奴隶的法学家们,他们的言外之意就是人生来就不是人。"

[223]参见普芬道夫《自然法和公法》第七卷第二章第七节:"不论以何种方式,公约在大的方面一定要得到所有人的同意,在小的方面一定要得到每个人的同意,不论这种同意是明确的还是默认的;如果同一地方的人之中有某个人没有加入这一约定,他就处于新生的社会之外,而其他人不论数量多么大,他们的一致同意都不能迫使他加入他们的群体,而是任他完全处于自然的自由中,他总是有权以自己乐意的方式来

保护自己。”

[224]参见布拉马基《政治权利原则》第一部分第五章第十三节：“这又是一条被所有国家视作普遍规律的准则，就是任何人只要一进入某国的土地，尤其是如果他还想享有那里的好处，就被认为放弃了他的自然的自由，服从那里的法律和现有的政府，至少这是为了保障公共的和个人的安全。”

[225]参见《波兰政府论》第九章。

[226]这意味着和波兰国会一样，人民在行使主权的同时至少还行使着政府的部分职能。

[227]参见本书第三卷第十七章。

[228]引自《论法的精神》第二卷第二章。

[229]我们在这里又发现了关于社会契约一章的名言：“既然条件对所有人都是平等的，所以谁也不想使之成为他人的负担。”（本书第一卷第六章）

[230]在威尼斯，贵族分为两等，即爵爷（Seigneurs）和巴那波特（Barnabotes）。巴那波特原指圣巴那贝（Saint-Barnabé）一带的贫穷居民。卢梭的这一说法遭到了伏尔泰的激烈批判：“这一切是令人愤慨的无中生有。这还是第一次有人说威尼斯政府不完全是贵族制的，这完全是歪曲事实，可是这种无稽之谈必将在威尼斯遭到严厉惩罚。说元老们——作者竟敢用巴那波特这一轻蔑的用词来称呼他们——从未曾担任过行政官简直是胡说八道，我可以给他举出五十个例子，来证明元老们曾经担任最重要的职位。”（见伏尔泰：《共和国思想》第三十五节）

[231]参见本书第三卷第四章。

[232]见《圣皮埃尔神甫的各部会议制》的结论。

[233]卢梭在本章及后面三章论述罗马的政治制度时主要依据的是西格尼乌斯的《古代罗马公民法》和马基雅维里的《李维论》。

[234]参见《论人类不平等的起源和基础》的献词："罗马人民(……),这个一切自由人民的楷模。"

[235]瓦罗(Marcus Terentius Varro,前116—前27),古罗马作家,著有《论农事》,还留下了一些语言、哲学、历史论述的片段。

[236]普林尼(Pline,即Caius Plinius Secundus, 23—79),古罗马作家,著述很多,都已失传。我们今天只知他的三十七卷本的百科全书式的《自然史》。

[237]阿比乌斯·克劳第乌斯(Appius Claudius Sabinus, ? —前446),负责为罗马制定法典的十大执政官之一。他的暴政激起了反叛,导致了十人执政制的取消。

[238]罗慕路斯(Romulus),传说中罗马城的缔造者,罗马的第一个国王。罗马城的名字便是从他的名字而来。

[239]马略(Gaius Marius,前157—前86),罗马将军和政治家,曾七任执政官。他在高卢战争中的胜利使他声名大震,但他没有很好地利用这一形势,被对手苏拉驱逐。趁苏拉在东方作战之机,他重新回到罗马,大肆屠杀放逐他的人。关于马略和他对罗马军队的有害影响,参见《政治经济学》和《波兰政府论》第十二章。

[240]参见本书第三卷第十二章："很少有哪个星期罗马人民不召集起来,甚至一星期数次。他们不仅行使主权权利,而且行使政府的部分权利。"

[241]参见《波兰政府论》第三章倒数第二段。

[242]参见西塞罗《论法律》第三卷第十五章："谁看不出法律在建立秘密投票时也使国家的精英丧失了可能拥有的权威呢？一个自由的民族是不会感到需要这种法律的，只有当一个民族受到大人物的权力和统治的压迫时，它才一再呼唤这种法律。"卢梭此处的观点倒不是受西塞罗的影响，而是受孟德斯鸠的启发："投票是公开进行还是秘密进行，这是一个重大问题。西塞罗说罗马共和国末期的规定秘密投票的法律是共和国覆亡的重要原因之一。"（《论法的精神》第二卷第二章）

[243]在《波兰政府论》第七章某段（一七八二年版本中没有该段），卢梭写道："我这里不多谈计点选票的方式，在一个近三百个成员的大会上，这一问题不难作出规定。在伦敦，议会的人数比这多得多，但也做出了规定；在日内瓦，全民议会的人数也比这多，人人相互不信任；甚至在威尼斯，它的大会议由近一千二百名贵族组成，那里腐化、欺诈大行其道。此外，我还在《社会契约论》中探讨了这一问题。谁要是还重视我的看法的话，就请到那里去找。"

[244]在《山中来信》书信九中，卢梭附带地重新审视了古罗马保民官的作用："尽管如此，我不能原谅罗马人民的失误，我在《社会契约论》中已经说到了这些失误，我指责罗马人民篡取了他们本来只该加以约束的行政权力。我指出了建立保民官制度所依据的原则、对之所应加以的限制以及这一切怎样才能可行。这些规则在罗马没有得到很好地遵守，他们本来是可以做到的。"卢梭在注释中又补充道："请看《社会契约论》第四卷第五章。我想人们在这一极短的章节中可以找到关于这个问题的一些有益的准则。"

[245]参见本书第三卷第一章，政府是臣民和主权体之间的中间体，就像一个连续等比的中项。

[246]根据卢梭在《政治经济学》中的用法，掌管法律（dispenser les lois）指的是执行法律。

[247]亚基斯（Agis），指斯巴达国王亚基斯四世（前244—前241在位），他不顾莱奥尼达斯二世的反对执意改革，试图实行利库尔戈斯的法律，重新分配土地。莱奥尼达斯在监察官们的支持下推翻亚基斯，将其扼死于狱中。

[248]指斯巴达国王克莱奥梅尼三世，他试图恢复利库尔戈斯的法律，剥夺了监察官的权力，进行了广泛的改革。后被阿凯亚联盟和马其顿人所败，在埃及自杀。

[249]卢梭在本章所依据的材料来自马基雅维里，并且和马基雅维里同样欣赏独裁制度。参见《李维论》第一卷第三十四和三十五章。

[250]阿尔巴（Alba），意大利拉齐奥地区的古代城市，传说是罗马的缔造者罗慕路斯的出生地。罗马强大起来后，它与罗马长期为敌。公元前六六五年被罗马所灭。

[251]苏拉（Sylla或Sulla，前138—前78），罗马政治家，将军。曾在马略手下作战，公元前八十八年成为执政官，在“社会战争”中发挥了决定作用。被马略剥夺军权后，他率部向罗马进军，赶走马略。他或流放或杀害其对手，获得了终身独裁官的称号，建立起恐怖统治。

[252]卢梭在该章不是作为历史学家、而是作为道德家来探讨监察官制度的。事实上，正如他在本书第二卷第十二章所言，监察官制度对他来说是一个谈论“风尚、习俗，尤其是舆论”的机会。但本章显得太短

了，原因正如卢梭在原注中所说的，他已经在《致达朗贝尔的信》中详细论述过这一问题。亦可参见《政治学片段》第四部分“论法律”。

[253]参见《新爱洛伊丝》第一部分书信二十四：“我把人们所谓的荣誉分为两种：来自舆论的荣誉和来自自爱的荣誉。前者是一些没有意义的偏见，比水的浪花更加飘忽不定；后者则是以道德的永恒真理为基础的。”

[254]关于决斗，参见《新爱洛伊丝》第一部分书信五十七。

[255]即斯巴达人。

[256]在迪维诺瓦本的《社会契约论》中，卢梭在该处作有如下注释：“他们是齐奥人，不是萨摩斯人。但是鉴于所谈的东西，我从未敢在书中使用这个词。我自以为还是和别人同样大胆的，但是无论如何，谁也不能粗俗下流。法国人的语言太讲究体面了，以至于不能用它来说出事实了。”一七八二年版本中没有这一注释，但印有一个更为简短、也更为明确的注释：“他们来自另一个岛，但我们考究的语言不许我在这种场合说出它的名字来。”一个岛屿的名字何以会有损于“我们考究的语言”？要理解这一点，就必须知道卢梭的这个典故取自普鲁塔克的《拉栖第梦人名言录》第六十九节，普鲁塔克详细讲述了这个为人所不齿的故事，竟将它归于齐奥人所为。卢梭不说出该岛的名字，是为了避免使用一个名声不好的词，以免有损这个严肃的主题。

[257]卢梭在一七六〇年十二月交付给出版商雷伊的《社会契约论》草稿中并不包括该章。从卢梭给出版商的信（一七六一年十二月二十三日）中看，该章是“后来增补的”。但我们仍然不知该章写于何时。事实上，在日内瓦手稿“论立法者”一章的背面写有“论社会的宗教”一章

的内容(没有标题),显然,这是该章的第一稿,确切的写作日期我们仍然无从得知。但有一点是肯定的,卢梭之所以把该章内容写在“论立法者”一章的背面,是因为它是该章的自然的补充。“论立法者”一章的结尾谈到了宗教和政治的关系问题,社会的宗教可以为这一问题提供某种解决办法。在提出“纯粹社会的信仰告白”时,卢梭意在通过宗教的权威来加强法律的权威,因为他指责基督教“所给予法律的只是法律从其自身获得的力量,却并不能给法律增添任何力量”。

事实上,卢梭的社会的宗教的思想可以追溯到他在写《致伏尔泰的信》时(一七五六年八月十八日):“我希望在每个国家,人们都有一部精神的法典,某种社会信仰的告白,在肯定的一面,它包含每个人必须接受的社会准则,在否定的一面,它包含每个人必须拒绝的不宽容的准则,之所以加以拒绝,不是因为这些准则亵渎神明,而是因为它们作乱非为。因此,一切与该法典相一致的宗教将被许可,一切与该法典不一致的宗教将被禁止,而且每个人有权选择是否信仰该法典之外的其他法典。我写此书,颇费思量,在我看来,它是已有的书中最有用的一本,也是唯一一本人类必不可少的书。”因此,该章绝不是一时兴起之作,它基本上表达了作者的成熟的观点。

在《社会契约论》各章中,“论社会的宗教”一章在十八世纪引起了最多的争论和抗议,尤其是因为作者在谈到基督教时竟声称“据我所知,没有比这种宗教更违背社会精神的了”。一七六二年六月十六日,穆尔图在给卢梭的信中说,他的日内瓦朋友们“对于《社会契约论》的宗教内容大为光火”。因此,卢梭不得不进行解释,对于他的社会宗教的概念作出说明。我们可以在他一七六二年至一七六三年的通信中(尤其是与穆尔图和莱奥纳尔·乌斯特里的通信中)，特别是在他的论战文字，如《致克里斯托弗·德·博蒙的信》、《山中来信》中找到这些说明。

《山中来信》书信一对卢梭评判基督教时所站的角度作了最明确的表达:“如果把基督教与国家的制度分离，我认为它是人类最好的宗教。《论法的精神》的作者走得更远，他说伊斯兰教于亚洲地区来说是最好的宗教。他是从政治的角度来思考的，我也是。”孟德斯鸠在《论法的精神》中，以两卷的篇幅(第二十四、二十五卷)来论述宗教。出于谨慎，第二十四卷伊始，他就强调自己不是“神学家，而是政论家”，“我只从人们在社会状态从宗教中获益的角度来研究世界上的各种宗教，不论我谈的是根在天上的宗教还是根在人间的宗教”。然而，两位作者的结论并不相同。孟德斯鸠驳斥了贝尔的悖论，而卢梭由反对最终转而赞成贝尔的悖论。此外，卢梭揭露了“基督教的主宰精神”，指责基督徒建立的是世界上“最为暴烈的专制”，而孟德斯鸠则认为“基督教和纯粹的专制主义相去甚远”(《论法的精神》第二十四卷第三章)。

[258]参见本书第一卷第二章。

[259]这里指的是关于多神论，或用当时的话说是关于“崇拜”(idolâtrie)的博学著作，它们是最早的比较神话学的论述。例如若古尔(Jaucourt)骑士在为《百科全书》所写的“神话”(fable)词条中说:“有人用无可辩驳的例子证明了大部分希腊神话是来自埃及和腓尼基的。希腊人在学习埃及人的宗教时，改变了东方神明的名字和仪式，使人以为这些神产生自他们的国家(……)用于判别许多异教神话的来源的一个总的原则就是，只要看一看这些神的名字就可知道它们是腓尼基人的、希腊人的还是拉丁人的，只需这么一看就可发现许多神话的家乡及它

们的迁徙。”卢梭在这里所批判的各种神话同宗同源的假设在当时是广为接受的，如丰特奈尔著有《论神话的起源》、休谟著有《宗教的自然史》。例如，休谟论述了多神论的普遍原则，他写道：“几乎所有时代、所有国家的崇拜者都同意这些普遍原则，他们的神明的性格和职能甚至没有很多区别。希腊和罗马的旅行家和征服者们到处都发现有他们的神明，不论这些神明被冠以多么奇怪的名字，他们一下子就说出：这个是墨丘利神，那个是维纳斯神；这个是玛尔斯神，那个是尼普顿神。塔西佗把我们的萨克逊祖先从前所敬仰的大地女神(Hertha)当作了罗马人的大地女神(Mater Tellus)，而他的猜想是有根据的。”(《宗教的自然史》第五章结尾)

[260]参见休谟《宗教的自然史》：“只要人们稍微读一下历史学家和旅行家的叙述，不论是古代的还是近代的，就会惊异于崇拜者的宽容精神。有人问先知德尔菲，神最喜爱哪种宗教形式，德尔菲答道，对于每个城市来说就是法律所确立的宗教形式。”

[261]耶弗他，《圣经》所记的以色列的士师，他曾把基列人从亚扪人的压迫中解救出来。详见《圣经·士师记》第十一章。

[262]塔兰托(Tarento)，意大利古代城市，为希腊人殖民地，公元前八世纪至公元前三世纪曾经强大，公元前二七二年被罗马所灭。

[263]卡皮托利山丘(Capitole)，罗马的七座山丘之一，朱庇特神殿所在地。

[264]在纳沙泰尔手稿7842中，卢梭引用了下面的话，“这些人都违背该撒的命令，说另有一个王耶稣。《使徒行传》第十七章第七节。”并注明“用于《社会契约论》最后一章”。一七八二年版本中没有这一

旁注。

[265]“可以看得见的首领”一语借自孟德斯鸠的《论法的精神》(第二十四卷第五章),这里指的是作为天主教首领的教皇。

[266]阿里(Ali或ibn Abi Tal ib,600—661),先知穆罕默德的女婿,第四代哈里发。

[267]参见霍布斯《公民论》第十七章第二十八节结尾:“在所有基督教国家中,对属灵及属世事务的裁决都为世俗权力或政治权力所掌握,掌握主权的大会或君主既是教会的首领,又是国家的首领,因为教会和基督教共和国本质上是一体的。”在同一书中(第六章),霍布斯还写道:“如果法律通过自然死亡的惩罚来命令什么事情,如果另有一个主人用永恒死亡的惩罚来禁止这件事情,二者具有同样的权威,那么罪犯将是无罪的,造反和不服从将混为一谈,政治社会将彻底颠倒。因为任何人都无法服侍两个主人,这时人们更害怕,或者更恰当地说更应服从的是以永恒死亡相威胁的人,而不是不承认此生之外还有其他惩罚的人。因此,判断哪些意见或主张违反了公共安宁、禁止传播此类意见或主张的权利是属于法官或法院的,他们已被赋予了最高的权威。”

[268]贝尔(Pierre Bayle,1647—1706),法国哲学家,著有《关于彗星问题的思考》,《历史批判辞典》,对十八世纪的哲学思想,尤其是百科全书派产生了重要影响。

参见孟德斯鸠《论法的精神》第二十四卷第六章,题为“贝尔的另一悖论”:“贝尔先生在辱骂了所有的宗教后,又在诽谤基督教了:他竟敢说真正的基督徒所组成的国家是不会长久的。”显然,卢梭是赞同孟德斯鸠的观点的。

[269]关于沃伯顿,参见本书第二卷第七章结尾及相关注释。

[270]从日内瓦手稿第一卷第二章的标题来看,“普遍的社会”指的是“普遍的人类社会”,“特别的社会”指的是“政治的或公民的社会”。

[271]参见《萨瓦牧师的信仰自白》:“上帝所要求的崇拜是内心的崇拜。”

[272]卢梭这里所说的自然的神圣权利和社会的或正面的神圣权利或许受到格劳秀斯的启发。某些义务是人所必须履行的,不是因为它们是正义的,而是因为上帝要求这样做,格劳秀斯把这些义务称为自愿的神圣权利。“然而,这种神圣权利或者是晓谕整个人类的(即卢梭所言的自然的神圣权利),或者是启示给某个民族的(即卢梭所言的社会的或正面的神圣权利)。”(《战争与和平法》第一卷第一章)但格劳秀斯认为,世界上只有一个民族的法律得自于上帝,即希伯来民族。

[273]在一七八二年的版本中,此处用的不是“这种宗教”(celle-ci),而是“后者”(celui-ci),即罗马的基督教。

[274]卢梭在《爱弥儿》中对这一主题作了长篇论述。在第四卷,他说,人如果脱离自然,就会“与自身相矛盾”,相反,人应努力做到“总是统一的,尽可能地统一”。

[275]这句话引起了最多的抗议和争论。卢梭解释说,这句话之所以被人误解,是因为“社会”一词的模糊性,是因为这个词的意思有些含混,是因为读者对于作者所区分的两类社会没有给予足够的注意。一七六三年七月十八日,他在写给莱奥纳尔·乌斯特里的信中说:“我认为你没有很好地理解问题的实质。大的社会,即普遍的人类社会是以人道和博爱为基础的;我认为,而且我一直认为基督教是有利于这种社

会的。但是特别的社会，即政治的和公民的社会则完全依据另外一种原则。特别的社会是纯粹的人为的制度，因此，真正的基督教使我们不去关心这样的制度，就像不去关心世间的一切一样：只有人的罪恶才使这种制度变得必要，只有人的欲望才能维持这种制度。”在《山中来信》书信一中：“我根本没有指责纯粹的福音书有害于社会，从某种意义上，我认为它的社会性太强了，它太想把整个人类都包括在内，以至于不能作为一种本应排他性的立法，它所激发的是人道而不是爱国，它所培养的是人而不是公民。”

[276]卢梭认为这个世界上没有真正的基督徒。“如果允许从人的行为中得出人的感情的证据，那么就必须承认对公义的热爱已从所有人的心中驱除了，世界上没有一个基督徒。”（《〈纳尔西斯〉序言》）在给马勒泽尔伯先生的回信中，他也说：“我清楚地知道，如果世界上有哪怕一个基督徒，那完全是一个偶然。”

[277]法比乌斯（Fabius Maximus Verrucosus，又称作 Cunctator，即“等待时机者”，约前 275—前 203），罗马政治家，曾五任执政官，公元前二一七年任独裁官。在一场消耗战中成功地击败了迦太基大将汉尼拔。

[278]参见马基雅维里《李维论》第二卷第二章：“我们的宗教（……）使我们不看重尘世的荣誉，而异教徒却将这种荣誉看得很高，并且承认尘世间有着最大的幸福，所以他们的行为更为大胆，也更为自负（……）古代的宗教只把满载尘世光荣的人作为幸福者来赞扬，如一军之长或一国之君。我们的宗教更乐于颂扬谦恭者和静修者，而不是行动者。它使君主处于卑躬屈节、低三下四、为人所鄙的地位。而异教却使君主的灵魂张扬、精力充沛、力量增强。如果说我们的宗教也需要调动我们

灵魂的力量，那是为了训练我们忍受痛苦，而不是为了训练我们行动果敢。这样的道德使世界了无生气，任凭恶人宰割。恶人们可以随心所欲地统治这个世界，因为他们知道大部分人为了进入天堂只想着逆来顺受而不想找他们复仇。”

[279]参见本书第二卷第四章。

[280]“为什么一个人要监督别人的信仰呢？为什么国家要监督公民的信仰呢？这是因为人们认为人的信仰决定着他们的道德，他们在此生的行为取决于他们对来生的理解（……）在社会中，每个人都有权了解别人是否自以为有义务做正直之人，主权体也有权审查每个人的这种义务所依据的理由。”（《致克里斯托弗·德·博蒙的信》）

[281]卢梭希望以此来驱逐那些强迫信教的人，保护信仰自由。在《致伏尔泰的信》（一七五六年八月十八日）中，卢梭对信仰自由表达得更加明确：“我感到愤慨的是每个人的信仰没有完全的自由，是人竟敢检查他无法洞悉的别人的内心，就好像信不信那些没有得到证明的东西取决于我们一样，是使理性屈从于权威。这个世界的国王难道对另一个世界有检查权？他们难道有权折磨他们的尘世的臣民来强迫他们进入天堂吗？不，不管诡辩家霍布斯怎么说，一切人类政府从其本质来说只能使公民履行社会的义务，当一个人尽心地为国效劳后，至于他如何为上帝效劳，那是任何人都管不着的。”

[282]参见洛克《论宽容书简》：“那些否认上帝存在的人是不应该被宽容的，因为许诺、契约、誓言和信义这些政治社会的主要纽带是无法约束一个无神论者信守诺言的。”柏拉图在《政治篇》第十卷中主张用监禁来惩罚不信神和不敬神的行为，将重犯者处以死刑。

[283]卢梭在《新爱洛伊丝》第五部分书信五的一个注释中写道："如果我是法官，如果法律规定将不信神的人处死，那么谁揭发别人不信神，我就先将他作为不信神的人处以火刑。"

[284]参见《信仰自白》："至于信条，即我的理性告诉我它们应当清楚、明晰、一目了然。"

[285]此处列举的这些信条既包括宗教信条，即自然宗教或萨瓦牧师的信仰自白，也包括纯粹社会的信条（社会契约和法律的神圣性）。卢梭明确地将社会契约和国家法律列入神圣的范围，目的在于制定"一部精神法典"或公民入门手册。在他看来，政治和道德一样，都不能离开某种宗教的惩罚。但是只有社会的信条才能成为真正意义上的公民的道德，其他信条涉及的是人的道德。

[286]卢梭在《致伏尔泰的信》中称之为"应被禁止的信条"。

[287]参见《致克里斯托弗·德·博蒙的信》："我经常听人们说应当允许社会的宽容，但不应当允许神学的宽容，我的看法正好相反。我认为一个好人，不论他真心信奉哪一种宗教，都可以得救。但是我不认为因此不经主权体许可就可以把某些外来的宗教合法地引入一个国家，因为，即使这不是直接地违背上帝，那也是违背法律的；谁违背法律就是违背上帝。"

[288]卢梭这里影射的是据说亨利四世在一五九三年放弃新教信仰之前所说的话。罗岱主教阿尔杜安·德·佩雷菲克斯的《亨利大帝史》记载："一个历史学家记载：国王召集了一次两派教会的圣师会议，当他看到一个牧师承认信仰天主教可以得救时，他发言了，对这位牧师说：'什么？你承认在这些大人的宗教中可以得救了？'牧师说他毫不怀疑，只

要人们在天主教中活得很好。国王不失时机地说：'出于谨慎，我要信奉他们的宗教，而不是你们的宗教，因为如果我信奉他们的宗教，他们和你们都承认我会得救；如果信奉你们的宗教，就只有你们承认我会得救，而他们却不承认。所以出于谨慎，我还是选择最有把握的。'"。

[289]历史学家对本章关注甚少，人们通常把关于社会的宗教的前一章视为《社会契约论》的最后一章。然而，本章是《政治制度论》第二部分的一个梗概。第一部分，即《社会契约论》，探讨的是关于国家的一般理论或政治权利原则，第二部分将要探讨国家的对外关系。

[290]事实上，如果卢梭能够写完《政治制度论》这部巨著，这些内容是该书余下部分所包含的三个方面。卢梭在其他著作中只探讨了与同盟和联邦有关的第二个方面的内容。正如我们所看到的，联邦是小国用以对抗大国的强权、维持国家间和平的手段。因此，卢梭在《爱弥儿》第五卷强调了同盟和联邦，并列举了《政治制度论》第二部分将要出现的内容，但没有提及贸易。最后，卢梭所说的"公法"（droit public），今天我们称之为"国际公法"（droit international public）。

部分名词译法对照表

A

abus 滥用权力

acte 行为

activité 能动性

administration 行政

affaire publique 公共事务

agent 代理人

aggrégation 集合体

aliénation 转让

anarchie 无政府

ancien 长者

aristocratie 贵族制

aristocratie héréditaire 世袭贵族制

arts 工艺

assemblée 集会,大会

association 结合

associé 结合者

association particulière 派系,小集团

autorité 权威

autorité législative 立法权威

autorité souveraine 主权权威

avis 意见,观点

B

besoin 需要

bien 利益

bien commun 共同利益

bourgeoisie（日内瓦）市民

C

centurie 百人团

censeur 监察官

censure 监察官制

chambre basse（英国议会）下院

chef 首领

choix 推选

citadin（威尼斯）市民

clergé 教士

cité 城邦

citoyen 公民

client 被保护者

comice（罗马）民会

communauté 共同体

confédération 联邦制

consentement 同意

contentement 知足

conservation 保存

constitution 建制

consul 执政官

contractant 订约者

contrat 契约

contrat social 社会契约

convenances 时宜

convention 协议

corps 团体,群体

corps politique 政治体

corps social 社会体

corps souverain 主权体

corvée 徭役

cour souveraine 主权会议

coutume 习俗

culte 崇拜

culte de la divinité 对神的崇拜

culte divin 对神的崇拜

culte sacré 对神的崇拜

curie 胞族

curion 胞族长

D

décret 法令

décurie 十人队长

démocratie 民主制

dépendance particulière 个别的依附

député 议员

dépositaire 受托者

despote 专制者

despotisme 专制

devoir 义务

dictateur 独裁官

dictature 独裁(制)

discipline 惩戒所

division 分类,分割

domaine réel 财产权

droit 权利

droit des gens 公法

droit du plus fort 最强者的权利

droit du premier occupant 最先占领者的权利

droit politique 政治权利

droit public 公法

E

égalité 平等

Ephore (斯巴达的)监察官

équité 公平

esclavage 奴役

esclave 奴隶

état 国家

état civil 社会状态

état de nature 自然状态

état social 社会状态

exécution 执行

extrême 外项

F

finance 代役费

fonction 职能

force 强力,力量

force absolue 绝对力量

force relative 相对力量

force réprimante 弹压的力量

G

gouvernement 政府

gouvernement héréditaire 世袭政府

gouvernement mixte 混合政府

gouvernement populaire 民主政府

gouvernement républicain 共和政府

gouvernement royal 王权政府

gouvernement simple 单一政府

H

habitant 居民

humanité 人道

I

identité 相等

indépendance 独立

individu 个人

institution 制度

intérêt 利益

intérêt personnel 个人利益

intérêt privé 私人利益

intérêt public 公共利益

intolérance 不宽容

intolérance civile 社会的不宽容

intolérance théologique 神学的不宽容

J

justice 公义

L

législateur 立法者

législation 立法

liberté civile 社会的自由

liberté naturelle 自然的自由

licteur 侍从官

loi 法律

loi civile 民法

loi criminelle 刑法

loi fondamentale 基本法

loi politique 政治法

luxe 奢侈

M

magistrat 行政官

magistrature 行政

maître 主人

maxime 准则

ministre 执行者

modération 节制

moeurs 风尚,民风

monarchie 君主制

monarque 君王

moralité 道德性

moyenne proportionnelle 比例中项

N

natif 土人

nature 自然

nature humaine 人性

O

obéissance 服从

objet général 普遍对象

objet particulier 个别对象

obligation 义务,约束

ochlocratie 无主制

oligarchie 寡头制

officier 官员

opinion publique 舆论

ordre civil 社会法则

ordre naturel 自然法则

P

pacte 契约

pacte social 社会契约

pacte fondamental 基本契约

particulier 个人

partie contractante 订约方

patron 保护者

patriciat 贵族(阶层)

patricien 贵族

personne 人身

personne morale 观念的人

personne publique 公共人格

personne privée 私人

personne naturelle 自然人

peuple 人民,民族

plébeyen 平民

pluralité 多数

police intérieure 内政

politie 政治

populace 下等人

possession 占有权

pouvoir 权力

prêtre 教士

prince 君主

principe 原则

produit 乘积

prolétaire 无产者

proportion 等比,比例

proportion continue 连续等比

proportion réciproque 反比

propriété 所有权

puissance 权力

puissance exécutive 行政权力

puissance législative 立法权力

puissance souveraine 主权权力

R

raison 比率

raison doublée 双倍比率

raison simple 单一比率

rapport 比例

rectitude 正确性

religion civile 社会的宗教

religion de l'homme 人的宗教

religion du citoyen 公民的宗教

représentant 代表(者)

représenté 被代表者

république 共和国

résidence 居住(权)

roi 国王

royauté 王权

S

satrapie 都督府

sénat 元老院

sénateur 元老

sociabilité 社会性

société 社会

société générale 普遍的社会

société particulière 特别的社会

société politique 政治社会

sonnette 挂铃所

souveraineté 主权

souverain 主权体

suffrage 投票

sujet 臣民

T

taxe 赋税

terme (比例的)项

terme intermédiaire 中项

traité social 社会契约

tyran 暴君

tyrannie 暴君制

tribu 部族

tribun 保民官

U

unité 一,统一性

utilité commune 共同利益

utilité publique 公共利益

usurpation 篡夺

usurpateur 篡权者

V

vertu 德行

vice 邪恶

volonté 意志

volonté générale 公意

volonté de corps 团体意志

volonté de tous 众意

volonté particulière 私意

专有名词译法对照表

A

Adam 亚当

Agis 亚基斯

Albain 阿尔巴人

Alba 阿尔巴

Ali 阿里

Ammonite 亚扪人

Arcadien 阿卡迪亚人

Archimède 阿基米德

Argenson（marquis d'）阿让松（侯爵）

Aristote 亚里士多德

Auguste 奥古斯都

B

Baal 巴尔（神）

Babylone 巴比伦

Balboa（Nunez）巴尔沃亚（努涅兹）

Barbarie 巴巴里亚

Barbeyrac 巴贝拉克

Barnabote 巴那波特

Bayle 贝尔

Beaufort 波伏尔

Beaumont（Christophe de）博蒙

Berne 伯尔尼
Bodin (Jean) 博丹(让)
Bordes 博尔德
Bossuet 博须埃
Burlamaqui 布拉马基
Buttafuoco 布塔福科

C

Caliphe (Calife) 哈里发
Caligula 卡里古拉
Calvin 加尔文
Cananéen 迦南人
Capitole 卡皮托利山丘
Carrières (père de) 伽利埃尔(神甫)
Carthage 迦太基
Carton 卡图
Castille 卡斯蒂利亚
Catilina 喀提林
César 恺撒
Chamos 基抹
Champ de Mars 玛尔斯练兵场
Chardin (Jean) 夏尔丹(让)
Chio 齐奥(岛)
Chronos (Cronos) 克洛诺斯
Cicéron 西塞罗
Claudius (Appius) 克劳第乌斯
Cléomène 克莱奥梅尼
Conseil des Dix (威尼斯)十人会议
Conseil général (日内瓦)全民议会
Consiglio (Serrar di) 康西里奥(塞拉尔·迪)
Corse 科西嘉
Crète 克里特
Cromwell 克伦威尔
Cyrénien 昔兰尼人

D

Décemvir 十人执政官
Delphe 德尔菲
Denis 德尼
Descartes 笛卡儿

E

Etats-généraux （法国）三级会议

F

Fabius 法比乌斯

Florence 佛罗伦萨

Fontenelle 丰特奈尔

Franc 法兰克人

G

Gènes 热那亚

George I 乔治一世

Gracques 格拉古

Grand Conseil（日内瓦）大议会

Grotius 格劳秀斯

Guillaume 吉约姆

H

Henri IV 亨利四世

Hercule 海格立斯

Hiéron 希伦

Hobbes 霍布斯

Hume 休谟

I

Ismaël 以实玛利

Israël 以色列

J

Jacques II 詹姆斯二世

Jephté 耶弗他

Jupiter 朱庇特

L

Lacédémonien 拉栖第梦人

Locke 洛克

Lorraine 洛林

Louis IX 路易九世

Louis XIII 路易十三

Lycurgue 利库尔戈斯

M

Macédonien 马其顿人
Machiavel 马基雅维里
Mahomet 穆罕默德
Marius 马略
Mars 玛尔斯
Mercure 墨丘利
Minos 弥诺斯
Moïse 摩西
Moloch 莫洛克
Montesquieu 孟德斯鸠
Moultou 穆尔图

N

Naples 那不勒斯
Neptune 尼普顿
Neuchâtel 纳沙泰尔
Noé 挪亚
Numa 努马

O

Otho 奥托

P

Pausylippe 波西利波(山丘)
Perse 波斯
Petit Conseil (日内瓦)小议会
Phénicien 腓尼基人
Philon 费龙
Phocéen 弗凯亚人
Pierre 彼得
Platon 柏拉图
Pline 普林尼
Plutarque 普鲁塔克
Pompée 庞贝
Popilius 波比里乌斯
Posnanie 波兹南
Pufendorf 普芬道夫

R

Rabelais 拉伯雷
Rhodes 罗得(岛)
Robinson 鲁滨孙
Romulus 罗慕路斯

S

Saint-Pierre（abbé de）圣皮埃尔（神甫）

Samos 萨摩斯（岛）

Samuël 撒母耳

Saturne 萨图恩

Scythe 斯基泰人

Servius 塞尔维乌斯

Sicile 西西里

Solon 梭伦

Sparte 斯巴达

Sylla（Sulla）苏拉

Syrie 叙利亚

T

Tacite 塔西佗

Tarento 塔兰托

Tarquin 塔尔奎尼亚

Tartare 鞑靼人

Thlascala 斯拉斯加拉

Tibère 提贝里乌斯

Tite-Live 李维

Triumvirat 三头政治

Tyr 提尔

U

Ulysse 尤利西斯

V

Varro 瓦罗

Venise 威尼斯

Vénus 维纳斯

Vitellius 维特利乌斯

Voltaire 伏尔泰

W

Warburton（William）沃伯顿（威廉）

X

Xénophon 色诺芬

Z

Zeus 宙斯

图书在版编目(CIP)数据

社会契约论/(法) 卢梭著;杨国政译.—上海:
上海译文出版社,2017.12(2023.5 重印)
ISBN 978-7-5327-7579-8

Ⅰ.①社… Ⅱ.①卢… ②杨… Ⅲ.①政治哲学—法
国—近代 Ⅳ.①D095.654.1②B565.26

中国版本图书馆 CIP 数据核字(2017)第 154286 号

Jean-Jacques Rousseau
Du contrat social

本书根据法国伽里玛出版社 1964 年版译出

社会契约论
Du contrat social

Jean-Jacques Rousseau
让-雅克·卢梭 著
杨国政 译

出版统筹 赵武平
责任编辑 李月敏
装帧设计 尚燕平

上海译文出版社有限公司出版、发行
网址:www.yiwen.com.cn
201101 上海市闵行区号景路 159 弄 B 座
山东临沂新华印刷物流集团有限责任公司印刷

开本 890×1240 1/32 印张 7.75 插页 5 字数 131,000
2017 年 12 月第 1 版 2023 年 5 月第 2 次印刷

ISBN 978-7-5327-7579-8/B·439
定价:38.00 元